肉焼き絶品ルール

お手頃価格の肉をおいしく食べるためのコツ&絶品レシピ36

肉焼き総研 編著

basilico

肉焼き絶品ルール・目次

私は肉が大好きだ！ 鈴木敏郎　6

タレと肉の話 浅野髙幸　8

肉はカラダによいのだ！ 10
　子どもの成長に欠かせない３つの肉の成分　10
　シニアライフを豊かにする肉の６つの効果　12
　肉食女子が美しい３つの理由　15

肉焼き絶品ルール 17

下準備絶品ルール①　**見た目は大事・縮みを防ぐ筋切り技**　18
下準備絶品ルール②　**お手頃価格の肉をジューシー＆ヘルシーに！**　19
下準備絶品ルール③　**焼く前の肉の温度管理と塩ふりのタイミング**　20

焼き方絶品ルール① **温度がポイント・65℃焼き** 21

焼き方絶品ルール② **旨みを引き出す焼き加減・指使いチェック** 22

焼き方絶品ルール③ **焼肉の種類に応じた焼き方のコツ** 24

知っておきたい肉の部位 26

肉焼き絶品ソース 29

梅肉ソース 30 ／ **モーリョ** 31 ／ **アボカドのタルタルソース** 32
クルミソース 33 ／ **オレガノバルサミコソース** 34
ロックホールチーズのソース 35 ／ **玉ねぎのさっぱりソース** 36

肉焼き絶品料理アラカルト 37

肉焼きの王道 **サーロインステーキ** 38

あっさり味がうれしい **牛たたき** 40

ブラジル風BBQ **かんたんシュラスコ** 42

アルゼンチン風BBQ **アサード** 44

ドイツのカツレツ **シュニッツェル** 46

豚ロース **ぬか漬け焼き** 48

豚ロース **柚庵焼き**（ゆうあん）50

アメリカン・ポーク **バックリブのねぎ味噌焼き** 52

イタリアのヒレ肉料理 **ポークピカタ** 54

スペアリブ **バジルガーリック焼き** 56

ドイツ・オーストリアの豚足料理 **シュバイネハクセ** 58

和食の伝統料理 **くわ焼き** 60

香り豊か！ **鶏肉のマスタード焼き** 62

あっさり和風テイスト **鶏肉のあさつき焼き** 64

アメリカンアジアン **鶏ムネ肉の海鮮醬焼きピラフ添え**（かいせんじゃん）66

風味絶品 **スモークササミ** 68

インドの鶏焼き料理 **タンドリーチキン** 70

インドネシアの炭火焼きチキン **アヤムバカール** 72

イタリアの香り **タスカンレモンチキン** 74

市販の焼肉タレを上手に利用する技　76

市販のタレを使った絶品肉焼き料理　77

わずか10分でジューシーな食感　**コク旨！ ジューシーチキン**　78
ボリューム満点！　**がっつり肉太巻き**　79
カロリーカットでお肌も喜ぶ！　**鶏ムネ肉のしっとりジューシー65℃焼き**　80
チキンの中にもチキン！　**ローストチキン・イン・チキン**　81
ストックもアレンジもできる！　**肉汁たっぷりローストポーク**　82
しっかり味がしみ込んだ豚肉の旨み！　**味わいチャーシュー**　83
一晩漬け込んだ牛肉のやわらかさ！　**漬け焼きローストビーフ**　84
がっつり豪快にかぶりつく！　**漬け焼きスペアリブ南国風**　85
お手軽、かんたん！　**牛ブロック肉の蒸し焼きカルパッチョ**　86
豪快バーベキュー！　**でか肉焼き**　87

私は肉が大好きだ！

鈴木敏郎

　いきなりではありますが、私は肉が大好きです。それも子どもの頃からです。
　私は札幌で生まれましたが、当時はまだまだ肉は貴重な食材でした。けれども北海道という土地柄か、我が家では羊肉のジンギスカンや豚肉のすき焼きをよく食べていたという記憶があります。また、洋食好きの母はトンカツやローストチキンをよく作ってくれたものです。というわけで、私の子ども時代は、「肉」に関してその頃の平均的日本人よりは恵まれていたと思います。

肉食という文化

　大の肉好きと自負していた私でしたが、オーストラリアに留学した時には、ちょっとしたカルチャーショックを受けました。肉屋（butcher shop）に行くと、部位が表示された肉がブロックとして売られていたのです。日本のように、スライスで売られているのではなく、キロ単位の塊で売られていました。ブロックの肉が店頭に並んでいる様子は壮観で、迫力満点でした。
　肉は、部位によって値段も使われる料理も異なっていて、欧米の人たちはそのあたりをよくわかっているようです。何せ、彼らはギリシャ・ローマ時代から肉を食べてきたわけですから、日本人とは肉食の歴史が違います。日本人が、本格的に肉を食べ始めたのは戦後で、それまでは動物性タンパク質は主として魚からとっていました。
　欧米では食べる肉の量も日本人とは桁違いで、普通の男性だと1人で200ｇのステーキを2、3枚は平気で平らげます。私も日本人としてはよく肉を食べる方ですが、それでも200〜300ｇぐらいが限度でしょうか。ただ、欧米人は基本的に赤身の肉を食べます。霜降り肉など、脂身を好む日本とはおいしさの基準が違うようです。
　個人的な意見をいわせていただくと、すき焼きやしゃぶしゃぶは霜降り肉、ステーキは赤身がよろしいかと思います。
　値段についていうと、これはもう欧米の方が圧倒的に安く、欧米では1kgが3000円でも高いという感覚で、100ｇ数千円もする和牛など信じられないと思うでしょう。

日本では、海外の肉はかたくてまずいという印象があるようですが、それは偏見です。かたい部位を食べるからかたいのです。アメリカやオーストラリアの肉でも、プレミアムステーキなどは本当においしい。

和牛は日本固有の品種であり、欧米の品種とは肉質に差があります。

確かに、和牛から生産される霜降り肉の肉質は世界的に見てもすばらしいと思います。しかし、霜降り肉は脂肪分が多く、値段的にも輸入肉に比べて高いので、毎日食べる肉ではなく、時々のごちそうとして食べる肉と私は思っています。

肉をおいしく食べて幸せになる

牛肉は腐る寸前がいちばんおいしいとよくいわれますが、一理あります。肉の旨みの元は遊離アミノ酸です。たとえば生ハムを熟成させると、アミノ酸が結晶化して旨みとなるわけです。

ところで、肉を焼く時の留意点をご存知でしょうか。おいしく食べるには、とにかく焼き過ぎないこと。これにつきます。熱をかけ過ぎると肉が収縮し、かたくなってしまいます。

レアだと日本人にはちょっと向いてないかもしれません。ウェルダンだとよい肉でもかたくなってしまいます。いちばん無難なのは、ミディアムレアでしょう。

ミディアムレアのよさは、肉本来のテイストが残っていること。タンパク質が変性しない部分が残っているため、生肉のテクスチャー（材質感）も楽しめます。なお、細菌がついているのは表面だけなので、ステーキは表面をよく焼けばレアでもミディアムレアでも基本的には衛生面に問題ありません。危ないのは、ひき肉です。

牛肉100％のハンバーグでも、しっかり火を通す必要があります。

もうひとつ焼く時に注意したいのは、肉汁（ドリップ）を出さないこと。肉汁が出ると旨みが逃げてしまうので、包み込むように焼いてください。表面を先に焼いておくのもひとつの方法です。

先にも述べましたが、肉にはいろいろな部位があり、その特長を知ると料理のレパートリーが増え、輸入肉でもいろいろと楽しめます。

肉はみんなを幸せな気分にする食材。私は、そう思っています。老若男女が集まってワイワイガヤガヤと食べるバーベキューや焼肉は、本当に楽しいものです。みなさんも、国産だけでなく、アメリカやオーストラリアの肉も上手に使って、おいしい肉料理に挑戦してみてください。

鈴木敏郎（すずきとしろう）
肉焼き総研所長・東京農業大学農学部教授　農学部部長

タレと肉の話

浅野髙幸

　私は、肉の調味料、具体的にはタレの研究開発にずいぶんと長い間たずさわってきました。タレ一筋の人生といってもよいかもしれません。
　私の研究対象だったからいうわけではありませんが、調味料とは実に有難いものだと思います。いわゆるブランド肉ではない、スーパーで安価な値段で売られている肉でも、調理法や調味料の使い方を一工夫すると、とてもおいしく食べることができます。
　簡単ではありますが、ここではタレと肉焼き料理について私なりの知見を述べてみたいと思います。

タレと肉の近代史

　ところで、私の専門であるタレという言葉は、室町時代に既にあり、鰻をはじめとする魚の照り焼き用として使われていたといいます。仏教国である日本では、四足すなわち牛や豚の肉は一般に食用とされず、タンパク源としてはもっぱら魚介類が食されていました。
　日本で肉食が「解禁」となったのは明治5年、文明開化の時代でした。この時代、西欧の技術だけでなくその生活様式もどんどん取り入れるようになりますが、「肉食」もそのひとつでした。
　とはいえ、庶民にとってはまだまだ一般的ではなく、肉が解禁となっても食べることができたのは貿易商や旧大名、あるいは富裕者だけでした。そうした人々がお忍びで食べにいっていたのは、横浜の関内などにあった食堂です。その頃提供されていた料理は牛鍋や豚の煮物でしたが、その代表的な店が「太田なわのれん」や「荒井屋」です。「太田なわのれん」は創業が明治元年、「荒井屋」は明治28年です。牛鍋は、牛肉とねぎを廃蜜糖や黒蜜、黒砂糖などを入れた旨みの強い濃厚なタレで煮込んだものでした。当時の肉は牛も豚も相当臭かったのですが、まだ日本人はスパイスの使い方が下手だったため、ねぎのような香味野菜や醸造調味料（醤油、酒、みりん、味噌）によって臭いをマスキングしていたのでしょう。牛鍋は、後にすき焼きや焼肉に進化していきます。
　さて、肉が本格的に食べられるようになったのは、やはり戦後です。「焼肉」は外食として広まりますが、その背景には米兵が築地、浅草、川崎あたりで七輪を使った炭火焼きで食べたからだといわれて

います。また、朝鮮半島の人々が家庭料理だった焼肉を持ち込むかたちで商売を始めたのも戦後間もなくのことでした。

タレと肉のおいしい関係

　私の専門のタレについていえば、スライスした肉を家庭で食べていただくためにはどのようなタレがよいか、味はもちろんですが「家庭」という環境の中で使い勝手のよいものをというのが開発のテーマでした。そこで、私どもでは素焼きの肉をタレにつけて食べるというコンセプトを立てました。

　素焼きであれば、誰でも失敗なく同じような味で食べることができるわけです。

　けれども、本当はタレにうまく漬け込んだ肉を焼いて食べるのがいちばんです。ただ、漬け込んだ肉を焼くとタレが飛び散りやすいので、上手に焼くには、コツが必要です。たとえば、熱した鉄板に置いた肉の上に、野菜をのせる方法があります。すると、ちょうど野菜がフタをしたような状態となり、飛び散りを防ぎ、肉をジューシーにすることができます。鉄板と接した部分からはメライノシンやピリミジンが出て、とても香ばしくなります。

　ジンギスカン鍋の場合も、肉の上にキャベツなどをのせることによって、水分が飛ばず蒸し焼き状態となり、マトンの臭味がとれ、やわらかくなります。

　本当においしい肉をステーキにする時は、熱した鉄板で焼いた肉の上に、醤油をさっとかけるだけで十分です。

　焦げることによってカラメル化反応やメイラード反応が起き、とてもおいしくなります。1年以上醸造した醤油を10年物のみりんで薄めたものを使うと、よりおいしいのですが、みりんは買ってきたものを冷暗所に長期間置いておいたものでもかまいません。醤油に昆布だしを少し加えておくと、さらにおいしくなります。味見をして、少しきついと思った場合は、りんご果汁を薄めて入れるとよいでしょう。

　本書でも紹介されていますが、市販のタレを利用してもいろいろな肉焼き料理が簡単に楽しめるはずです。みなさんも、チャレンジしてみてください。

浅野髙幸（あさのたかゆき）
エバラ食品工業株式会社　執行役員　研究本部長

肉はカラダによいのだ！

　肉には、子どもから大人まで、すべての人間が活動する上で必要不可欠な栄養素が多く含まれています。肉焼きで健康かつキレイになるため、肉の効果を最大限に引き出す食べ方は、炭火などで余分な脂を落としながら、じっくり加熱することです。加熱によって消化吸収がよくなり、体に良い肉の成分が体内に取り込まれやすくなります。また、肉本来の香りや旨みが増すので、食欲増進につながります。

　肉は長寿の源であり、生きるための活力をもたらしてくれます。そして、子どもからお年寄りまで、家族みんなが楽しく食べられる食材でもあります。野菜、魚、海藻など、いろいろな食材とのバランスを考えながら、おいしい肉を適度に食べ、健康な体を維持していきましょう。

子どもの成長に欠かせない3つの肉の成分

1　タンパク質

　タンパク質（特に動物性タンパク質）は体そのものをつくるという点でとても重要な成分です。
　骨の成長にカルシウムが大切なことはよく知られていますが、実はタンパク質も骨の成長に重要な役割を果たしています。
　「骨を丈夫にする」のがカルシウムだとすれば、「骨を伸ばす」作用があるのがタンパク質です。骨は、骨の先端（骨端部）の軟骨細胞に成長ホルモンが働きかけると、軟骨細胞が増殖して伸びていきます。この軟骨細胞の原料となるのがタンパク質です。このように、タンパク質は筋肉や

血液などを作るだけでなく、骨の成長にも重要な役割を果たしています。タンパク質もまたカルシウムと同様、骨の成長に欠かせない栄養素なのです。

また大人が1日に必要とするタンパク質の量が約60～80gなのに対し小学生では約55～75g、思春期になると約75～90gものタンパク質が必要といわれており、体格・体重から比較すると成長期の子どもは大人に比べ、より多くのタンパク質を必要としています。

健康な体を作るためには、バランスのよい食事と十分な睡眠が欠かせません。特に、子どもが幼いうちから正しい食事習慣を身につけさせることは大変重要です。肉や魚などの良質なタンパク質、ビタミンやミネラル、脂肪などをバランスよくとるように心がけましょう。

2 必須アミノ酸

タンパク質を構成しているアミノ酸は、人が生きていく上で欠かせない栄養素のひとつです。人間に必要なアミノ酸のうち、体内で十分な量を合成できず、食物から摂取しなければならないアミノ酸のことを「必須アミノ酸」といいます。必須アミノ酸には、ロイシン、バリン、イソロイシン、リジン、メチオニン、フェニルアラニン、スレオニン、トリプトファン、ヒスチジンの9種類がありますが、子どもの場合はアルギニンを加えた10種類が必須アミノ酸といわれています。

アルギニンには成長ホルモンの分泌を高めるなど、成長を促進する働きがあるため、子どもはアルギニンを大人以上に食事から摂取する必要があるのです。アルギニン含有量の高い食品としては肉、卵、チーズなどがあります。

また、成長促進や免疫力向上作用があるリジンも、子どもの成長に欠かせない、大人以上に摂取が必要なアミノ酸です。

こうした必須アミノ酸を過不足なく補うには、アミノ酸バランスに優れた肉や魚といった「良質のタンパク質」を食べる必要があります。

3 鉄分

鉄分が不足すると、運動機能、体温保持機能、免疫機能、子どもの知能、コラーゲンの合成機

能が低下することが知られています。特に、子どもの場合は、鉄分の不足により脳の発達に支障をきたすこともあるので注意が必要です。

脳の成長スピードは速く、3歳児の脳重量は既に大人の脳重量の約8割に達します。こうした脳の成長を支えているのが鉄分です。鉄分が不足すると、脳の神経細胞ネットワークの接合部であるシナプスの成長が阻害され、脳の情報伝達がうまく働かなくなります。2歳以下の子どもの場合、鉄分が不足した状態が3カ月以上続くと、認知能力や運動能力、社会性、情緒の発達などに支障が出るといわれています。

このように、脳の成長に欠かすことのできない鉄分ですが、食品中の鉄分にはヘム鉄と非ヘム鉄の2種類があり、ヘム鉄は肉や魚などの動物性食品に、非ヘム鉄は植物性食品に多く含まれています。ヘム鉄は非ヘム鉄よりも吸収率が高いため、非ヘム鉄に比べて効率よく体内に吸収されます。ヘム鉄が豊富な食品としては、レバーや赤身の肉、しじみなどがあります。

シニアライフを豊かにする肉の6つの効果

1 生活習慣病予防

生活習慣病の予防効果が期待されているものに脂肪酸のひとつである「オレイン酸」があります。

牛肉や豚肉に多く含まれているオレイン酸には、血中のコレステロールを適正に保つ働きがあります。

コレステロールには悪玉コレステロールと善玉コレステロールがあり、悪玉は動脈硬化や心臓病、高血圧の原因となりますが、善玉には動脈硬化を予防する働きがあります。オレイン酸には、この善玉コレステロールを減らさず、悪玉コレステロールだけを減らす効果があるといわれています。

2　新型栄養失調対策

　最近、高齢者の間で「新型栄養失調」が増えています。これは偏食が原因で起こる栄養失調で、厚生労働省の調査によると、70歳以上の5人に1人が新型栄養失調に当てはまるそうです。
　増加の理由のひとつに、年をとるにつれて肉や卵などの動物性食品の摂取量が減ることが挙げられます。動物性食品を十分にとらないと、血液中のタンパク質の約6割を占め、体の機能を整える上で重要な働きをする「血清アルブミン」の量が減少します。これが不足すると、栄養失調になったり、心臓病や脳卒中のリスクを高めてしまうのです。
　新型栄養失調が増えているもうひとつの理由は、加齢とともに栄養素の吸収率が悪くなることや、肝臓で生成されるアルブミンの量が減少することも挙げられます。
　健康を維持するためにも、肉や野菜、卵などをバランスよく食べることが重要です。

3　血圧抑制

　肉に含まれる栄養素のひとつである「タウリン」は、交感神経の働きを抑え、腎臓の働きを促進して、血圧を正常に保つ働きがあります。
　タウリンは牡蠣や牛タンなどに豊富に含まれていますが、タンパク質に含まれるアミノ酸のひとつであるシステインから人の体内で作り出すことができます。
　つまり、良質なタンパク質である肉を食べれば、タウリンとシステインを同時に摂取でき、活力を得るばかりでなく、高血圧の予防にも役立つ可能性があるのです。

4　免疫力アップ

　体内にウイルスや細菌が侵入すると、免疫細胞が作用して病気を防ぐ役割を担ってくれます。しかし、免疫力は加齢とともに低下し、50代のころには20代の半分以下にまで低下します。
　亜鉛には、細胞分裂や新陳代謝を促す働きがあります。適量を摂取すれば、免疫細胞が活性化

して免疫力を高める効果が期待できます。ミネラル成分は体内で作り出せないので、牛肉の赤身、豚レバー、牡蠣など、亜鉛含有量の多い食材から適宜補うようにしましょう。

5　骨粗しょう症予防

　骨粗しょう症とは、骨がスカスカになり骨折しやすくなる病気で、カルシウム不足や運動不足、女性ホルモンの減少など、さまざまな要因によって発症します。
　人間の骨は、新しい骨を作る「骨代謝」を繰り返していますが、カルシウムだけを摂取しても、骨を丈夫にすることはできません。カルシウムを効率よく吸収して骨代謝を促すためには、ビタミンDやリン、マグネシウムなどのミネラル、タンパク質などが必要です。
　骨粗しょう症を予防するためには、肉や魚などの動物性食品をはじめ、さまざまな食材をバランスよくとることを心がけましょう。

6　認知症予防

　80歳を超えると、「認知症」の発症リスクが急激に高まるといわれています。認知症の完治は困難ですが、最近、認知症を改善する可能性を持つ栄養素として、アラキドン酸が注目されています。
　アラキドン酸はリノール酸から合成される必須脂肪酸のひとつで、脳の機能を担う神経細胞の生成を促す働きがあります。高齢者やアルツハイマーの患者は、脳の細胞膜に含まれるアラキドン酸の量が少ない傾向にあります。
　アラキドン酸は植物にはほとんど含まれないため、肉、魚、卵などの動物性食品から摂取する必要があります。その中でも豚レバーはアラキドン酸含有量が高く、100g中に約300mgも含まれています。レバーにはアラキドン酸だけでなく鉄分、ビタミン類も豊富に含まれています。レバーはくせがあるので苦手な方も多いですが、おいしく食べる工夫をして、毎日の食卓に取り入れてみましょう。

肉食女子が美しい3つの理由

1　肉で脂肪燃焼力アップ

「肉を食べると肥満になりやすい」というのは、よくある誤解のひとつです。肥満のメカニズムは非常にシンプルです。摂取カロリーが消費カロリーよりも多いと、余分なカロリーが体内に蓄積され、皮下脂肪や内臓脂肪として蓄えられます。食べた分よりも多くのカロリーを消費すれば、決して肥満になることはありません。

ここで忘れてはならないのが、「筋肉がなければ脂肪は燃焼しない」ということです。運動をすると、まず筋肉中のグリコーゲンが分解され、次に、体内に蓄積された皮下脂肪や内臓脂肪が燃やされてエネルギー源となります。つまり、筋肉とは「脂肪燃焼の場」であり、筋肉が十分にないと体脂肪を燃やすことができません。痩せたい人こそ、肉をきちんと食べて適度な運動をし、筋肉をつけることが大切なのです。

また、肉に含まれる「カルニチン」には、脂肪燃焼作用があることが知られています。脂肪は、「脂肪の燃焼炉」といわれる細胞内のミトコンドリアで燃やされてエネルギーに変わりますが、単独ではミトコンドリアに入ることができません。脂肪はカルニチンと結合することで初めてミトコンドリア内に入ることができ、燃やされてエネルギーに変わるのです。

カルニチンは加齢とともに体内で合成される量が減るため、食品から不足分を補う必要があります。この成分を多く含むのは、牛肉や豚肉などの肉類です。

2　肉を食べて美容を促進

人間の細胞の新陳代謝を活発にするのが、肉に含まれるアミノ酸です。体の新陳代謝が滞りなく行われるためには、1日に約60gの良質なタンパク質を摂取する必要があります。これがうまくいかないと、筋肉が次々に分解されて老化のプロセスが進みます。つまり、食肉には新陳代謝を活発にして若々しい体を保つ効果があるのです。

肉に含まれる脂肪分とオレイン酸にも、美容上欠かすことのできない働きがあります。脂肪の摂取を極端に減らすと、卵巣の脂肪組織から分泌される、女性ホルモンのエストロゲンが減少します。エストロゲンには肌の水分量を整えたり、コラーゲンを増やしたりする効果があるため、エストロゲンが減少すると、肌荒れやシミ、しわ、たるみなどを引き起こします。また、人間の皮脂成分の約40％はオレイン酸から構成されています。そのため、オレイン酸が不足するとサメ肌になったり、肌が荒れてカサカサになったりします。

　美容だけでなく、エストロゲンには動脈硬化や骨粗しょう症を予防する働きもあるので、更年期を迎えた女性が体脂肪を極端に減らすと、動脈硬化や骨粗しょう症といった病気が起こりやすくなります。

　新陳代謝を活発にして若々しい体を保つためには、肉のタンパク質と適度な脂肪、オレイン酸の摂取が欠かせません。

3 肉でアンチエイジング

　肉に含まれる美容成分の中でも、アンチエイジング効果で知られるのが「コエンザイムQ10」です。コエンザイムQ10は、がんなどの原因になる活性酸素の発生を抑え、体の酸化を防ぐ効果があります。また、コラーゲンの分解を防ぐ作用もあるので、しわやくすみといった肌のトラブルを改善する効果もあります。

　コエンザイムQ10は加齢とともに減少する傾向にありますが、牛肉などの肉類やイワシを食べることによって補うことができます。

　コエンザイムQ10は水に溶けないので、脂肪と一緒に摂取すると吸収がよくなります。肉を油でいためるなどして、適度な脂肪分と一緒にいただくのがおすすめです。

下準備絶品ルール①
見た目は大事 縮みを防ぐ筋切り技

牛肉・豚肉の筋を切っておいしく見せる

　薄切り肉を焼いた時、せっかくの料理が全体的に縮んでしまって見た目がイマイチ。こんな経験はありませんか？ 料理は、味はもちろんですが「見た目」がとても重要です。焼いた肉を、食欲がそそられるおいしそうな仕上がりにするポイントはズバリ「筋切り」です。焼く前に、赤身と脂肪の境にある「筋」に包丁で数カ所切れ目を入れておきましょう。厚みのある肉なら、裏側にも切れ目を入れます。

ワンランク上級のコーナー切り

　焼き上がりを美しく見せる筋切り技には、さらにワンランクアップのコツがあります。それが「筋のコーナー切り」です。縮んだ時に反り返りやすいコーナーに沿って、狭い間隔で細かく切れ目を入れておきましょう。縮みや反り返りを防いで見た目がよりおいしくなります。

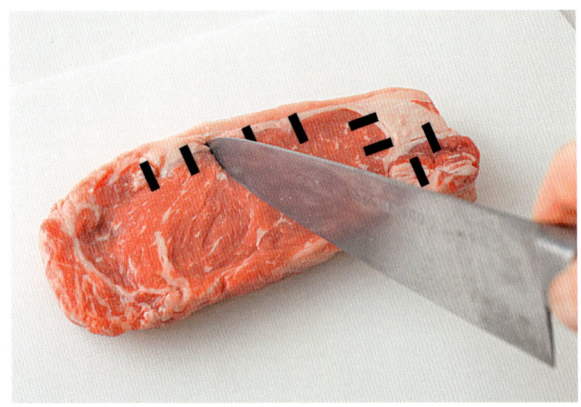

包丁で切れ目を入れる

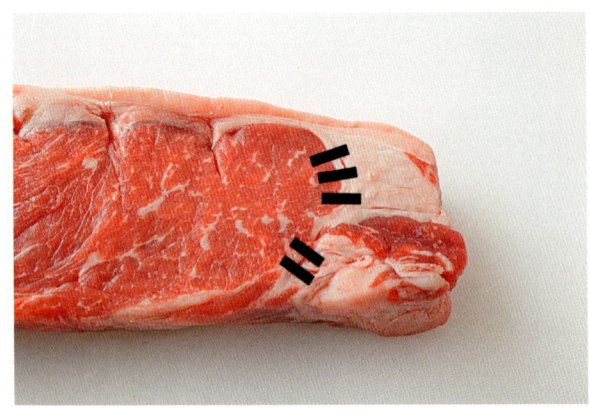

コーナーは狭い間隔で切れ目を入れる

下準備絶品ルール②
お手頃価格の肉を ジューシー&ヘルシーに！

小麦粉・片栗粉を使って 脂身の少ない肉でもジューシーに

　脂身の少ない鶏のムネ肉などは、一口サイズに切って小麦粉や片栗粉をつけて焼けば、粉が旨みを閉じ込めてジューシーな仕上がりとなります。

　また、しょうがやキャベツの芯をすりおろしたものに漬け込むと、硫化アリルやタンパク分解酵素の働きにより、臭みを抑えやわらかく仕上げることができます。

皮をまるごと取って 約40％カロリーをカット！

　肉は大好き、でもカロリーが気になる！　そんな時には、脂肪を取り除いてカロリーをカットしましょう。たとえば、鶏モモ肉は皮をまるごと取ることで、皮の下やまわりにある余分な脂肪分がなくなり、カロリーを約40％もカットすることができます。

小麦粉・片栗粉を全体にまぶし、余分な粉ははたいて落とす

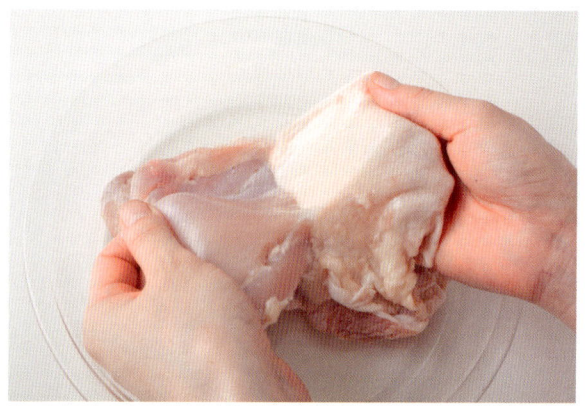

鶏モモ肉から皮をまるごと取る

下準備絶品ルール③
焼く前の肉の温度管理と塩ふりのタイミング

火の通りを均一にするために肉の温度を室温に戻す

　冷蔵・冷凍した肉は、焼く前に室温に戻しておくことが、おいしく焼くためのコツです。肉の温度を室温に戻すことによって、肉の内外の温度差がなくなり火を均一に通すことができます。

　ブロック肉など大きな肉の場合、冷蔵庫から出して30分〜1時間後くらいが室温に戻る目安です。一方、ひき肉などはすぐに室温に戻るので、下味をつけた後はこまめに冷蔵庫に戻すようにしましょう。

仕上がりのジューシーさを左右する塩ふりのタイミング

　下味をつける塩ふりのタイミングは、肉のジューシーさに大きく関わってきます。ジューシーな肉を食べたいなら、塩をふるのは絶対に焼く直前！　塩を早くふり長時間置いておくと、浸透圧の作用で肉の水分が流れ出てしまうので、肉はかたくなります。

肉は冷蔵庫から出して室温に戻す

塩ふりは焼く直前に

焼き方絶品ルール①
温度がポイント 65℃焼き

中心温度「65℃焼き」で旨みを存分に味わう

　肉をジューシーにやわらかく仕上げるには、肉の中心温度が65℃を超えないようにします。65℃を超えると、肉の内部の旨みである肉汁がどんどん外に流出してしまいます。なぜ流出するかというと、肉の繊維を束ねている膜（コラーゲン）が65℃を超えた時点で一気に縮むからです。その反動で内部の肉汁が急激に外へ流れ出てしまうのです。この状態でさらに加熱を続けると、肉はどんどんかたくなっていきます。

65℃の目安「浮き上がってきた肉汁」

　中心温度「65℃」といっても、肉の内部の様子は肉眼ではわかりません。目安は「浮き上がってきた肉汁」にあります。肉の中心温度が65℃近くになると、肉の表面にうっすらと肉汁が浮き上がってきます。これが見えたら、肉をひっくり返すタイミングです。ひっくり返した裏側にも、表面に肉汁が浮き上がってきたら完成！　内部が見えないので、つい肉には火をしっかり通してしまいがちですが、肉の旨みを味わうには中心温度65℃までの低温焼きが必須なのです。

　ただし、ひき肉やサイコロステーキのような結着肉などは、中心部分まで十分に加熱してください。

 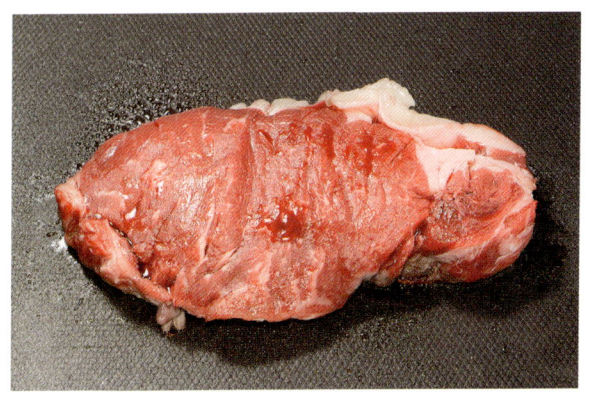

焼き方絶品ルール②
旨みを引き出す焼き加減 指使いチェック

レア 内部温度の目安55〜65℃以下。
表面は焼けているが、中心部は生で肉汁が多い。かなり弾力がある。

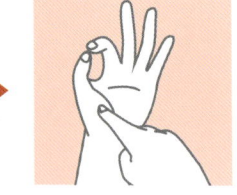

人差し指と親指で輪をつくった時の親指の付け根のかたさ。

ミディアム・レア 内部温度の目安65℃
レアより火は通っているが、中心部は生の状態。切ると赤い肉汁がにじみ出る。

中指と親指で輪をつくった時の親指の付け根のかたさ。

好みの焼き加減は、手のひらの「腹」と「指」でチェック！

　レア、ミディアムなど、人によって好みの焼き具合は異なります。でも、肉の内部は見えません。そんな時、自分の手とフォークさえあれば、いとも簡単に好みの焼き加減を確かめることができるのです。肉をフォークで押した感触と手のひらの感触を照らし合わせて、チェックしてみましょう。

ミディアム　内部温度の目安65〜70℃。

中心部にちょうどよい状態に火が通り、薄いピンク色になる。肉汁は少ししか出ない。

薬指と親指で輪をつくった時の親指の付け根のかたさ。

ウェルダン　内部温度の目安70〜80℃。

肉汁はほとんど出ないし弾力も低い。

小指と親指で輪をつくった時の親指の付け根のかたさ。

焼き方絶品ルール③
焼肉の種類に応じた焼き方のコツ

牛タン（比較的脂身の多い肉）

**表面がレア状態でも
周りが反ってきたら優しく裏返す。**

① 片面を焼き、表面の周りが反ってきたら裏返す。この時、脂身の部分をしっとりと仕上げるために、肉を優しく引きずるようにして裏返すのがポイント。
② 裏面に少し焼き色が付いたら、再度引きずるようにして裏返す。
③ ②と同様に少し焼き色が付いたら出来上がり。
※もっと焼きたい場合は①と②を繰り返す。

カルビ・バラ肉（比較的脂身の多い肉）

**焼き過ぎに要注意。表面が
カリッとするほど焼いてはダメ！**

① 片面を焼き、表面の周りが白くなったら裏返す。牛タン同様、肉を優しく引きずるようにして裏返すのがポイント。
② 裏面にも焼き色が付いたら出来上がり。
※もっと焼きたい場合は①と②を繰り返す。

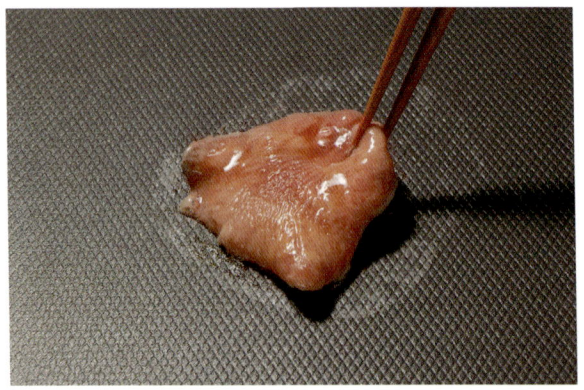
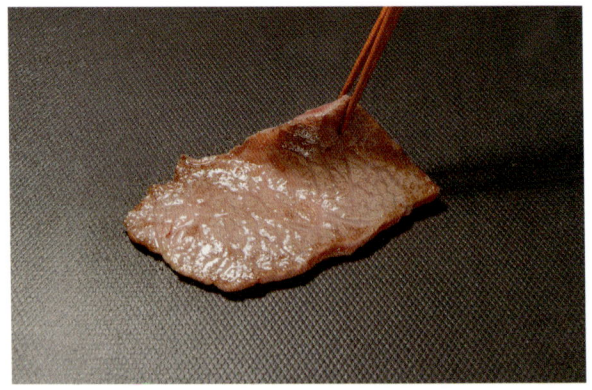

肉の部位によって焼き方にもコツがあります。
大切なのは、焼き過ぎないこと。肉は優しく焼いてあげてください。
コツさえつかめば、焼肉店のおいしさが家庭でも味わえます。

牛ロース肉（比較的脂身の少ない肉）

できるだけ動かさず
あぶるように焼く。

① 片面を焼き、肉の周りに肉汁がうっすら見えだしたら裏返す。
② 表面に焼き色が少し付いたら、もう一度裏返して軽く焼き、完成。

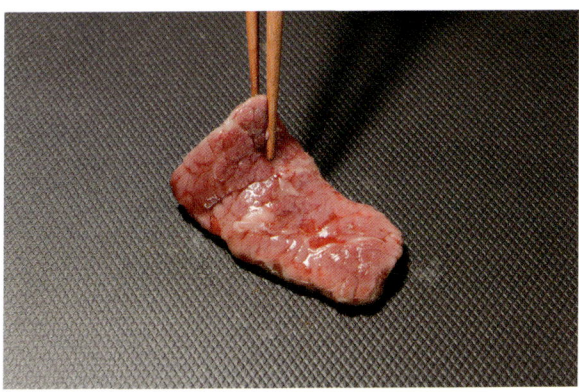

知っておきたい肉の部位

牛・豚・鶏。肉の種類、それぞれの部位によってかたさや脂肪量が異なります。
したがって、それぞれの最適調理法も違ってくるのです。
というわけで、肉をおいしく食べるには、種類と部位について基本的なことは知っておいた方がよいでしょう。

牛

牛肉は、部位による特性が比較的はっきりしている。やわらかい肉質の部位はステーキやグリルなど肉焼き料理に向き、調理の際は加熱し過ぎないことが肝心。かたい肉質の部位は、シチューなど煮込み料理に向く。

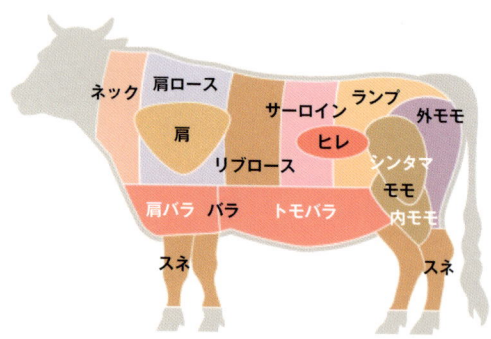

ネック　首の部分。よく運動する部分なのできめが粗くかたいが、旨みエキスは豊富。じっくり煮込むシチューやカレーに最適。ひき肉としても利用。

肩ロース　きめが細かくやわらかい部位。脂肪が霜降り状に分散し、牛肉特有の風味を持つ。薄切りにしてしゃぶしゃぶ、すき焼き、焼肉などに使う。角切りにして煮込むのもよい。

肩　タンパク質に富み、脂肪が少ない赤身肉。肉質はややかためだが、旨みエキスやコラーゲンが豊富。じっくり煮込むとやわらかくなるので、シチューのような料理に向いている。

リブロース　きめが細かく、赤身と脂身のバランスがよい。肉本来のおいしさを味わうローストビーフやステーキに向く。霜降りであれば、すき焼きに最適。

サーロイン　形、香り、風味ともに抜群で、牛肉の最高部位のひとつ。きめが細かくやわらかい肉質でステーキに最適な部位。どのような焼き加減にも対応できる。

ヒレ　非常にきめが細かくやわらかい部位。脂肪が少なく上品な風味が持ち味。味は淡泊で、カツレツやバター焼きなどに適している。ステーキにすると、さっぱりとした味わいになる。

ランプ　モモの中では最もやわらかい赤身部位。風味がよく味に深みがある。ステーキ、ロースト、すき焼き、焼肉、

たたきなど、どのような料理にも使える。

モモ（内モモ＆シンタマ）　最も脂身の少ない赤身部位。ローストビーフやたたきなどブロックで調理する料理に向く。シンタマはきめが細かくやわらかい部位で、刺身やユッケに使われる。

外モモ　モモの中で最も運動する筋肉が集まっている部位。きめはやや粗く脂肪が少なくかための肉質。薄切りや細切れにして煮込み、焼肉、炒めものに使う。

バラ（トモバラ＆肩バラ）　赤身と脂肪が層になった三枚肉と呼ばれる部位。濃厚な風味が特徴で焼肉、すき焼き、煮込み料理に向いている。肩バラは、細切れにしてハンバーグなどに使われる。

スネ　足のふくらはぎの部分。筋が多く全体にかため。長時間煮込むとコラーゲンが溶出しやわらかくなる。脂肪は少なく、だしをとるのに最適。ポトフやシチューによく使う。

豚

豚肉は、牛肉ほど大きな差異はなくどの部位も料理の範囲が広いのが特徴。タンパク質やビタミンB_1が多く、脂質には不飽和脂肪酸が含まれる。脂身は口中の温度でも溶けるので冷しゃぶなど冷たい料理にも向く。

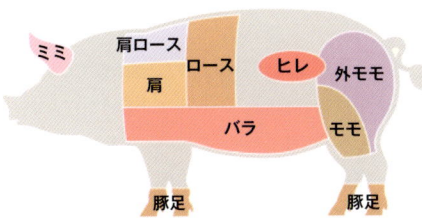

ミミ　皮と軟骨が主成分でコリコリとした食感が特徴。コラーゲンやカルシウムを多く含む。沖縄ではミミガーと呼ばれ広く食されている。和え物、酢の物に向いている。

肩ロース　豚肉には珍しく赤身の中に脂肪が網目状に広がっている部位。ロースよりコクがあり濃厚な味。トンカツ、しょうが焼き、焼豚、シチューなど和洋中ほとんどの料理に向く。

肩　きめがやや粗く筋肉間に脂肪が多少ある。薄切りは焼肉や炒めもの、こま切れは豚汁などに適す。角切りにしてじっくり煮込むとやわらかくなる。

ロース　ヒレと並ぶ最上の部位。外側ほどよく脂肪がつき、きめの細かさと脂肪のおいしさが持ち味。トンカツやソテーに最適。加熱の際に筋切りをすると縮まらず火が均一に通る。

ヒレ　1頭から約1kgしかとれない貴重な部位で、きめが細かくやわらかい。モモと同様脂肪が少なく淡白で上品な味。カツやソテー、串揚げなどに向いている。

モモ　脂肪が少なくきめの細かい赤身肉。タンパク質とビ

タミンB₁を多く含む。ブロック、切り身、角切り、薄切り、ひき肉と様々な調理が可能。炒めもの、煮込み、ローストに向いている。

外モモ　きめがやや粗い赤身肉。薄切りや角切りにして煮込み、ロースト、炒めものなどに使う。

バラ　赤身と脂肪が層となった三枚肉で、骨付きのものがスペアリブ。風味とコクがありベーコンとなる部位として知られる。角切りにすれば角煮、シチュー、酢豚、薄切りは炒めものや豚汁に向いている。

豚足　沖縄、台湾、韓国などで一般に食される脚先の部分。ほとんどがゼラチン質で、長時間加熱するとトロンとした食感となる。ゆでて酢味噌や辛子味噌で食す。甘辛く味付けして煮込んでもよい。

鶏

　鶏肉の主な部位は5つ。それぞれに特徴があるが、どの部位も食べやすく様々な料理に幅広く利用できる。若鶏（ブロイラー）は、手頃な価格で利用価値が高い。やわらかくクセのない味なので、しっかりした味付けや香辛料を利かせることによりおいしくなる。

ムネ　やわらかく脂肪の少ない部位。味は淡泊でどんな料理にも馴染みやすい。油との相性がよく、から揚げやフライ、焼きものや炒めものに適している。

ササミ　胸骨に沿って2本ある笹の葉形の部位。低脂肪でやわらかく、淡白であっさりとした味。ゆでたり蒸したりしてサラダや和えものに使う。また新鮮なものは刺身にしてワサビ醤油で食べるのもよい。

手羽（手羽元、手羽先、手羽中）　手羽元と手羽先に分けられ、手羽先の先端を除いたものを手羽中と呼ぶ。ゼラチン質で脂肪が多くコクがある部位。水炊きやカレーなど、じっくり煮込むと骨から旨みが出る。揚げものや焼きものにも適している。

モモ　ムネ肉に比べると肉質はかためだが、タンパク質や脂肪が多く味にコクがある。照り焼き、ロースト、フライ、から揚げ、カレーなどに適している。フォークなどを使って皮をつついておいてから調理すると、味がよくしみ込み焼き縮みも防げる。

皮　やわらかくて脂肪が多く濃厚な味がする部位。皮下にある黄色い脂肪を除去してからさっとゆでて冷水につけ、余分な脂やアクを取って使う。から揚げや網焼き、炒めものや和えものに適している。

肉焼き絶品ソース

梅肉ソース
(鶏肉・豚肉のソテーに)

材料：4人分

梅干 ……………………… 5個
(A)
しょうゆ ………………… 大さじ2
煮切り酒 ………………… 大さじ2
煮切りみりん …………… 小さじ2

作り方

① 梅干は種を取り除いて包丁でたたき、(A) を合わせて少しずつ加えて伸ばす。

モーリョ

（シュラスコに）

材料：4人分

玉ねぎ	1/4 個
トマト	1/2 個
きゅうり	1/4 本
パプリカ	1/4 個
パセリ	少々

(A)

酢	1/4 カップ
白ワイン	大さじ 1/2
オリーブ油	小さじ 2

作り方

① 野菜はすべてみじん切りにする。玉ねぎは切った後、水にさらしてから水気を切る。
② （A）を合わせ①を加えて混ぜ合わせる。

アボカドのタルタルソース
(赤身牛肉・脂身の少ない豚肉に)

材料:4人分

アボカド	1個
レモン	1/2個
きゅうりのピクルス	小1本
ゆでたまご	1個
玉ねぎ	1/8個
(A)	
マヨネーズ	大さじ3
塩	少々
ブラックペッパー	少々

作り方

① アボカドは皮と種を除いて粗みじん切りにして、レモンのしぼり汁をかけておく。ピクルス、ゆでたまごも粗みじん切りにする。
② 玉ねぎはみじん切りにして、水にさらしてから水気を切る。
③ ①、②と(A)を混ぜ合わせる。

クルミソース

（豚肉・鶏肉に）

材料：4人分

生クルミ	100g
白味噌	大さじ6
砂糖	大さじ5
しょうゆ	大さじ1
だし汁	大さじ2〜3

作り方

① 生クルミは熱湯で数分ゆでてざるにとる。渋皮を取り除きミキサーにかける。
② ①が油が出てなめらかになったら白味噌を加えてさらにすり混ぜ、砂糖、しょうゆの順に加える。
③ だし汁を少しずつ加えて、かたさを見ながらペースト状に仕上げる。

オレガノバルサミコソース
(牛ヒレステーキ・ポークソテーに)

材料:6人分

赤ワイン	3/4カップ
バルサミコ酢	大さじ3
無塩バター	大さじ1
オリーブ油	大さじ1
オレガノ	大さじ1
塩・こしょう	各少々

作り方

① 赤ワインとバルサミコ酢を合わせて火にかけ、ひと煮立ちさせる。
② ①に無塩バター・オリーブ油・オレガノを加え、塩・こしょうで味を整える。

ロックホールチーズ（ブルーチーズ）のソース

（定番のビーフステーキに）

材料：4人分

オリーブ油	大さじ1
にんにく（みじん切り）	1片
エシャロット（みじん切り）	大さじ2
白ワイン	大さじ3
生クリーム	大さじ3
ロックホールチーズ	30g

作り方

① オリーブ油でにんにくを炒め、香りが出たらエシャロットを加えしんなりするまで炒める。

② 白ワイン、生クリーム、ロックホールチーズを加え、よく混ぜる。

玉ねぎのさっぱりソース

(肉をさっぱりと食べたい時に)

材料：8人分

玉ねぎ	1/2個
にんにく	1片
黒オリーブ（種なし）	4粒
レーズン	大さじ1

(A)

パセリ（みじん切り）	適量
酢・オリーブ油	各カップ1/4
はちみつ	大さじ2
塩・こしょう	各少々

作り方

① 玉ねぎはみじん切りにして水にさらし、水気を切る。にんにく・黒オリーブ・レーズン・パセリも粗みじん切りにする。

② ①に（A）を合わせる。

肉焼き絶品料理
アラカルト

SELECCION BARRICA
108
NORDAL
Vintage : 2012
Variety : Tempranillo
Vineyard : EL NORDAL
Barrica : No.108
French Oak SEGUIN MOREAU
Bottling Date : 15.July.2013
Storage : FINCA LOS ALJIBES
 11108 of 13.980

Manuel Lorenzo

Vino de la Tierra de Castilla, SPAIN
75cl

肉焼きの王道
サーロインステーキ

材料：1人分

アメリカンビーフサーロイン（プライム） ………… 1枚（300g）
塩・粗挽きこしょう ………… 適量
油 …………………………… 適量

[付け合わせ]
フライドポテト、にんじんのグラッセ、クレソン

絶品ポイント

- ステーキを焼くフライパンを熱する時は、煙が出るまで予熱。
- フライパンは鉄製がおすすめ。鉄は熱伝導率が高いので、肉が均一に加熱される。
- 塩は焼く直前にふる。塩ふりをしたまま置いておくと、浸透圧で肉の水分が流出するので注意。
- 肉を裏返す目安は表面に血の混じった肉汁が出てきた時。これは肉の中心温度が65℃に近づいてきた目安。それ以上の温度になって裏返すと、内部の肉汁が外に流出し、肉がかたくなる。

作り方

① 肉を冷蔵庫から出し、室温に戻す。
② フライパンを熱して油をひき、煙が出るまで予熱する。
③ 盛り付けで表になる面に塩・こしょうをふる（A）。
④ ③の面を下にしてフライパンに入れて30秒焼き、弱火にして約2分表面に血が混ざった肉汁が浮き出てくるまで焼く。
⑤ 上面に塩・こしょうして裏返し（B）、強火で30秒焼き弱火にして1分焼く。最後に側面も焼く（C）。
⑥ フライドポテト、にんじんのグラッセ、クレソンとともに皿に盛る。

A

B

C

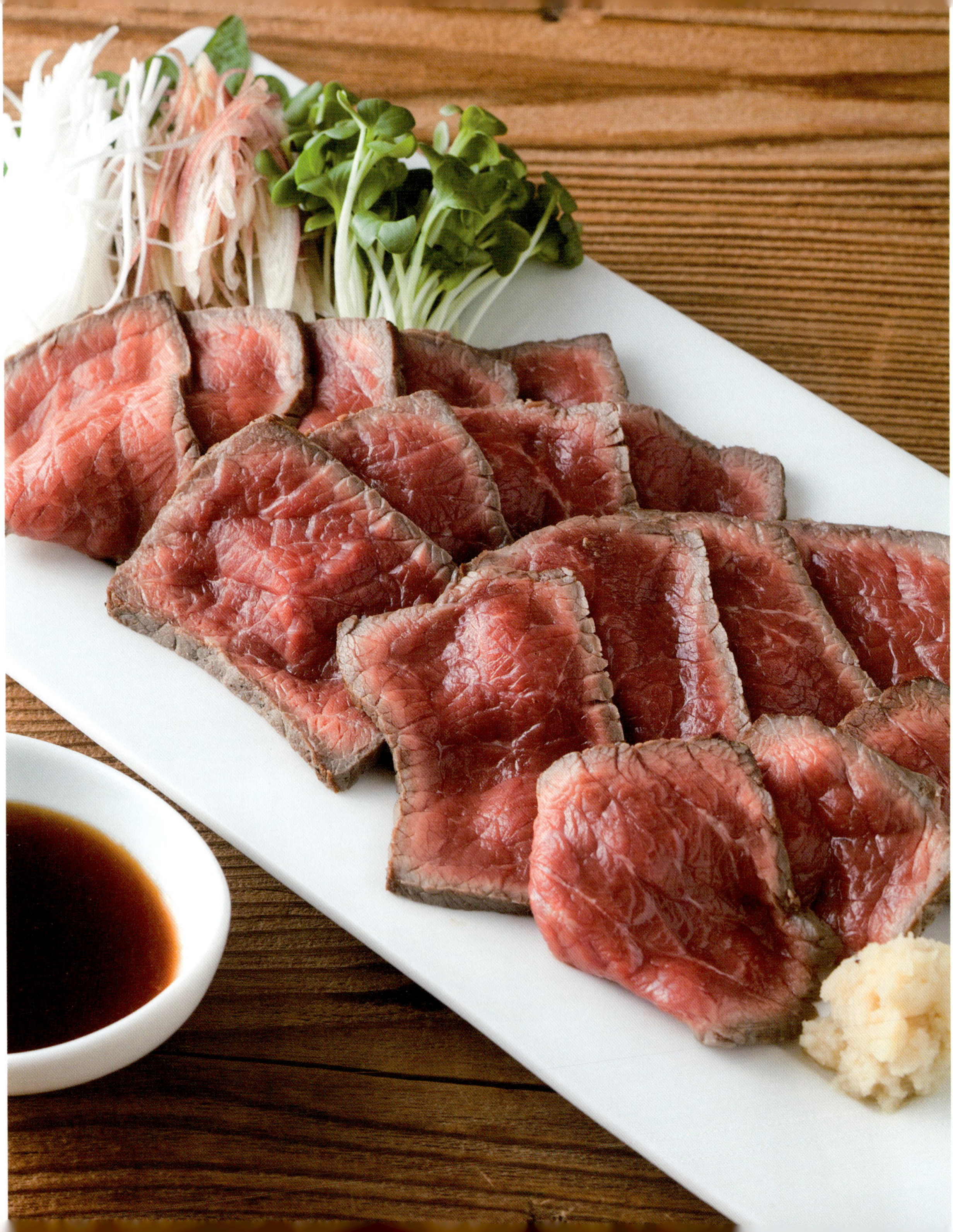

あっさり味がうれしい
牛たたき

材料：4人分

牛モモ肉（ブロック）	300g
塩・こしょう	各少々
油	少々
長ねぎ	1/2本
みょうが	2個
しそ	4枚
貝割れ菜	1/2パック
しょうが	1片
ポン酢しょうゆ	適量

絶品ポイント

焼き上がりのかたさは、人差し指と親指をつけて親指の付け根のかたさくらいが目安。

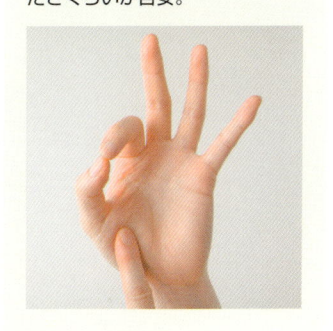

作り方

① 牛モモ肉は室温に戻し、焼く直前に塩・こしょうをすりこむ（A）。
② フライパンを十分に熱して薄く油をひき、肉をのせて強火で焼く。返しながら全面に焼き色をつけて指で押して弾力があるくらいまで焼く（B）。
③ ②を氷水に入れて熱を取り、水気をふきとる。食べる直前に薄切りにする（C）。
④ 長ねぎ、みょうが、しそは千切りにし、根を切り落とした貝割れ菜を、肉といっしょに盛り付ける。しょうがをすりおろしてそえる。
⑤ ポン酢しょうゆでいただく。

A

B

C

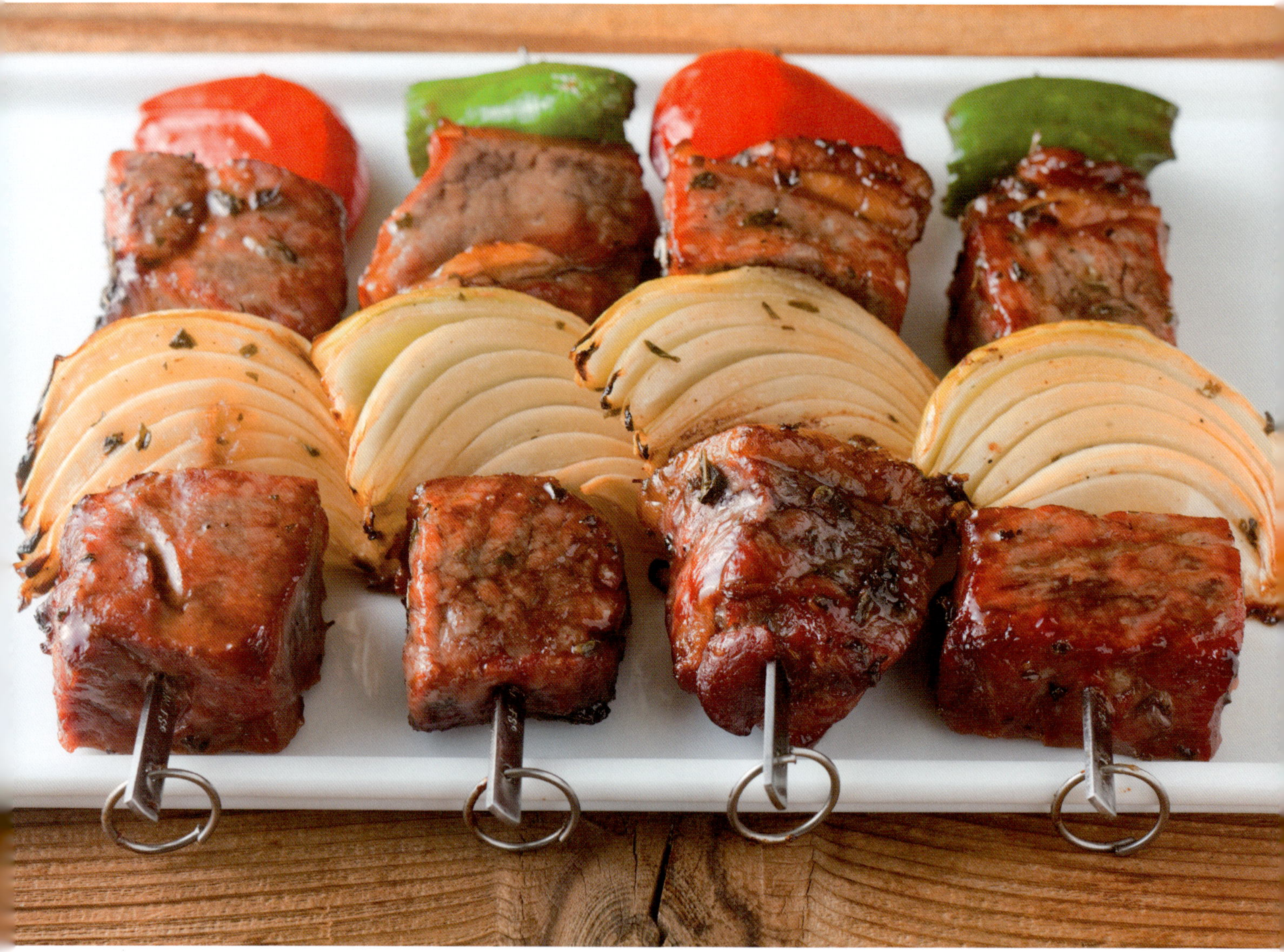

ブラジル風BBQ
かんたんシュラスコ

材料：4人分

ステーキ用厚切り牛肉	2枚（1枚約300g）
玉ねぎ	1/2個
ピーマン	1/2個
赤パプリカ	1/4個
串	4本

[タレの材料]

しょうゆ	大さじ2
塩	小さじ1/4
こしょう	少々
オレガノ	小さじ1
油	大さじ1

作り方

① タレの材料は合わせておく。
② ステーキ用厚切り牛肉は大きめに切り①に15分くらい漬ける（A）。
③ 玉ねぎは根元がばらばらにならないように、4等分の串切りにする。
④ ピーマン、赤パプリカを4等分に切る。
⑤ 串に、肉・玉ねぎ・ピーマン・赤パプリカをバランスよく刺す。
⑥ ①を野菜にもハケで塗る（B）。
⑦ 200℃に熱したオーブンで15分くらい焼く。

A

B

絶品ポイント

本来シュラスコとは、大きな肉を焼いて少しずつ切り分けて食べるブラジルのBBQのこと。肉をタレに漬け込むことで、手軽にオーブンで焼ける。

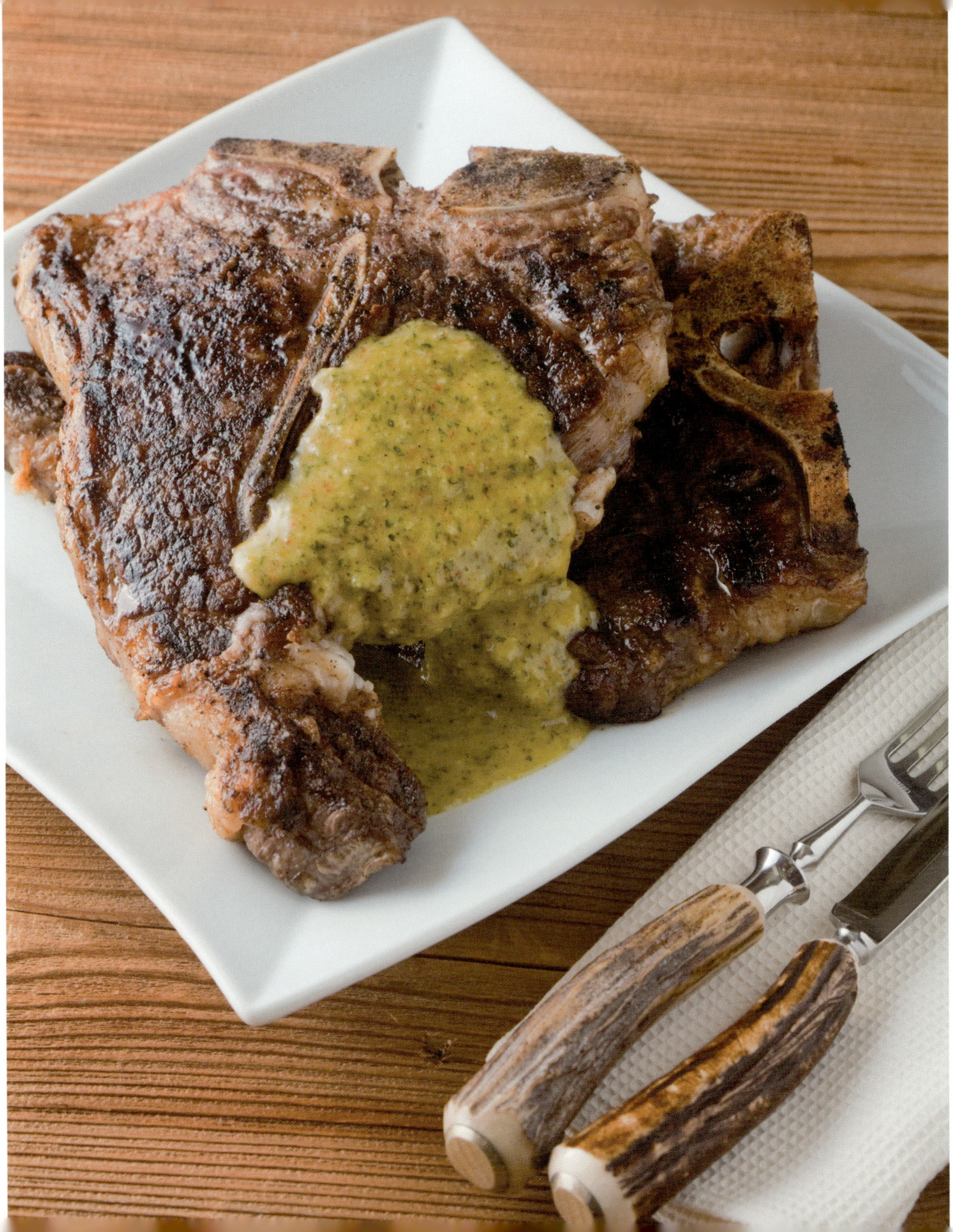

アルゼンチン風BBQ
アサード

材料：4人分

アメリカンビーフTボーンステーキ用肉	2枚
塩・こしょう	各少々

[チミチュリ（ソース）の材料]

パセリ	3枝
にんにく	3片
エクストラバージンオリーブ油	1/2カップ
白ワインビネガー	大さじ2
レモン汁	大さじ2
塩	小さじ1/2
黒こしょう	小さじ1/4
一味とうがらし	小さじ1/2

絶品ポイント

アサードとはスペイン語で「焼かれたもの」という意味。チミチュリソースに漬け込んで焼いたり、焼いた肉にこのソースをかけて食べる。

作り方

① 肉は室温に戻しておく。焼く直前に塩・こしょうをふり、バーベキューコンロでしっかり焼く（A）。
② ソースの材料すべて（B）をブレンダーでよく混ぜ、ピューレ状になる前に止める（C）。
③ ②を肉にかける。

A

C

B

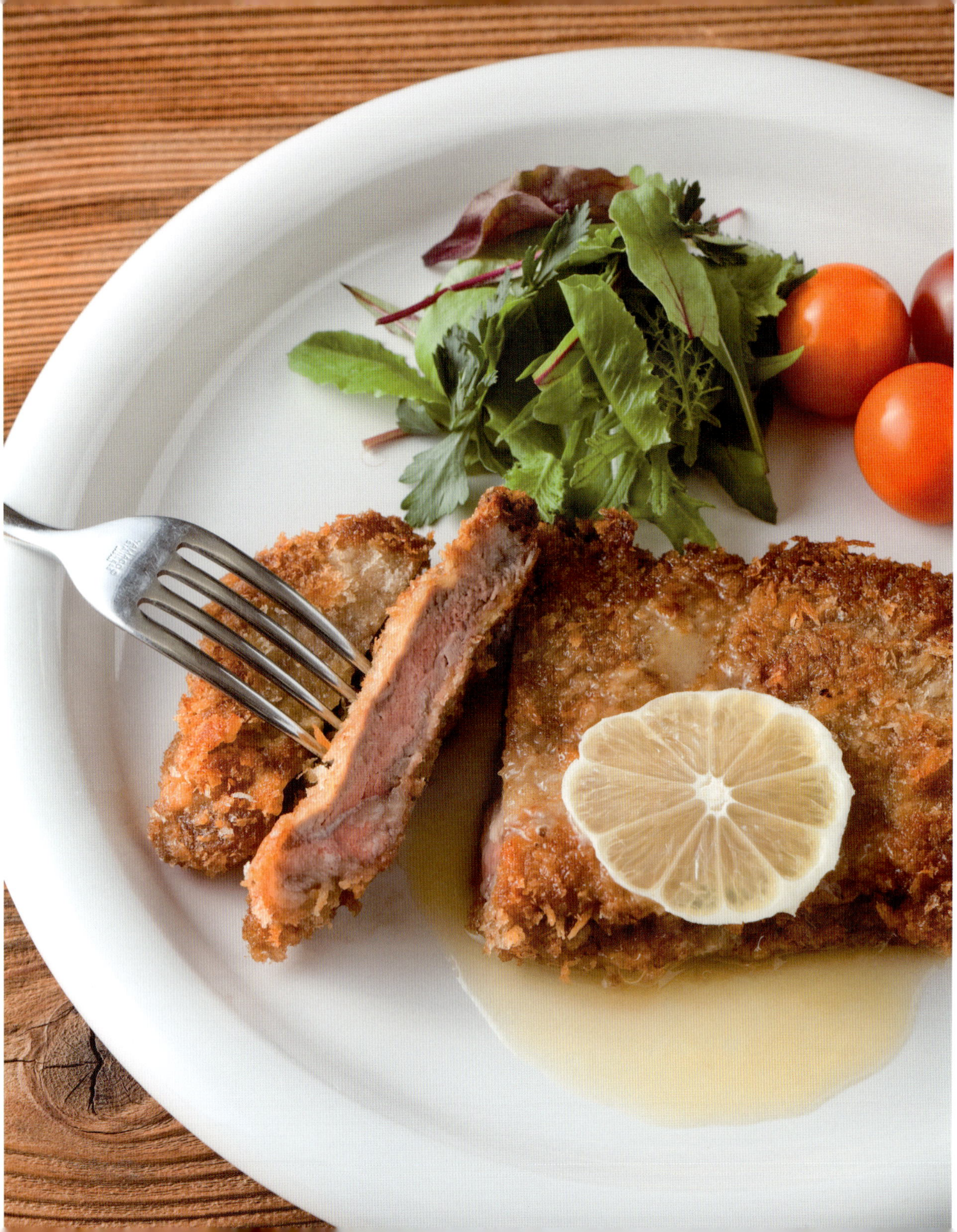

ドイツ・オーストリアのカツレツ
シュニッツェル

材料：4人分

牛サーロイン
　……………… 4枚（1枚約200g）
塩・こしょう ……………… 各少々
薄力粉 ……………………… 適量
溶き卵 ……………………… 適量
パン粉 ……………………… 適量
油 ………………………… カップ1/2

[レモンバターソースの材料]

バター ……………………… 大さじ4
レモン汁 …………………… 大さじ4
レモン（スライス）………… 4枚

[付け合わせ]

ミックスベビーリーフ、イタリアンパセリ、プチトマトそれぞれ適量

絶品ポイント

パン粉をつけて少量の油で揚げ焼きするので、たっぷりの油で揚げるトンカツとは異なり、ステーキを焼く時と同じ要領で焼く。

作り方

① 肉は室温に戻してラップをかけ、上から麺棒で叩き薄く伸ばし厚みを均一にする（A）。
② 塩・こしょうをふり、薄力粉・溶き卵・パン粉の順に衣をつける（B）。
③ フライパンに油を少し多めにひいて熱し、②を両面揚げ焼きにする（C）。
④ 鍋にバターを溶かし、レモン汁を加えてソースを作る。
⑤ ③の肉に④をかける。レモンスライスをそえ、ミックスベビーリーフ・イタリアンパセリ・プチトマトを盛り付ける。

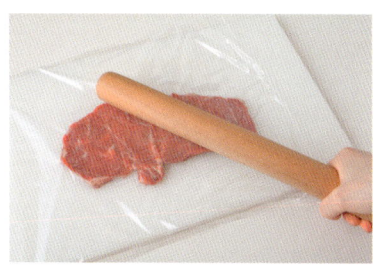

A

C

B

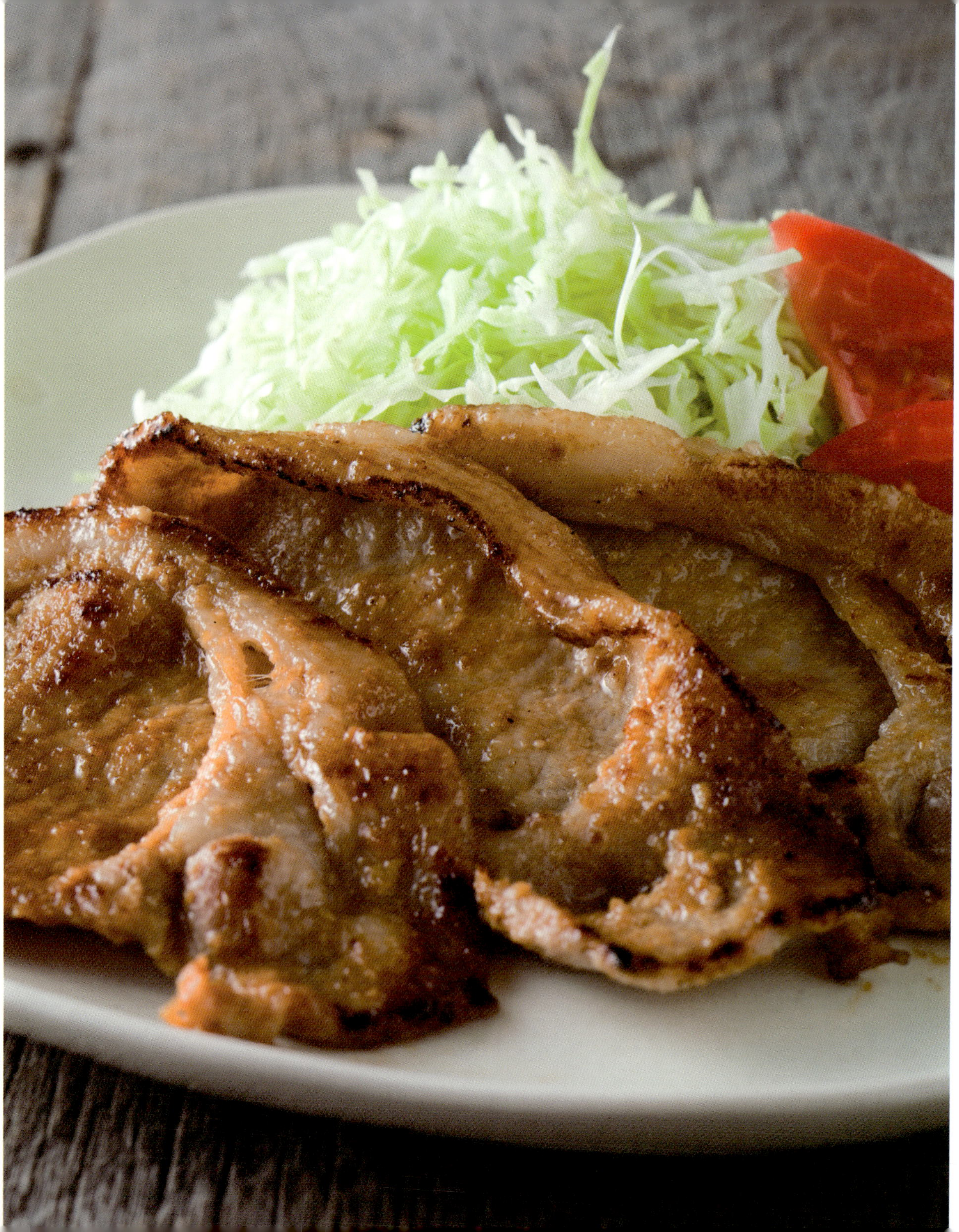

豚ロース
ぬか漬け焼き

材料：1人分

豚ロースしょうが焼き用肉	3枚
ぬか漬けのぬか	大さじ2
しょうが汁	小さじ1
みりん	小さじ1
しょうゆ	小さじ1
油	少々

［付け合わせ］

キャベツ	1枚
トマト1/4個	

作り方

① 豚肉は、筋切りをして（A）、ぬかをまぶし（B）10分おく。
② ①にしょうが汁・みりん・しょうゆを混ぜ合わせたものをまぶし、熱したフライパンに油をひき、盛り付けで上になる面から焼く（C）。
③ 皿に盛り付け、キャベツの千切り・トマトをそえる。

絶品ポイント

ぬか漬けにした豚肉を焼く。しっかり筋切りをすることで縮みを防ぎ、盛り付ける表面から先に焼くことで焼き色がきれいにつく。フライパンの中のこげをふき取りながら焼くことで、肉がカリッと香ばしく仕上がる。

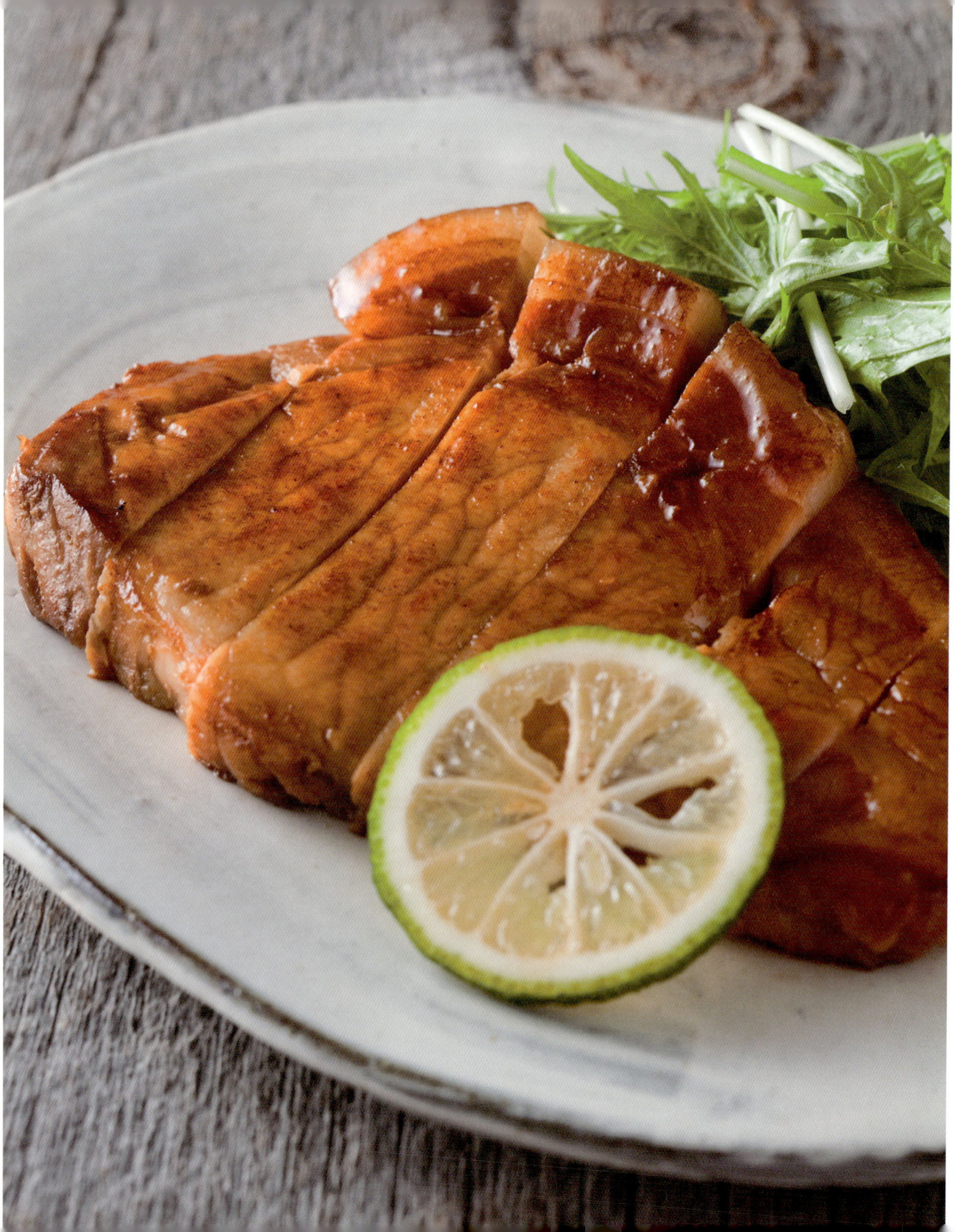

豚ロース肉
柚庵焼き
ゆうあん

材料：4人分

豚ローストンカツ用肉 ……… 4枚
油 …………………………… 適量

[柚庵タレの材料]

みりん ………………… 大さじ1
酒 …………………… 大さじ2
しょうゆ ……………… 大さじ2
ゆず絞り汁 …………… 大さじ1

[付け合わせ]

ゆず（スライス）………… 4枚
水菜 …………………………… 2株

作り方

① 柚庵タレは混ぜ合わせておく（A）。
② 豚ロース肉は筋切りし、①の柚庵タレに30分漬ける。
③ フライパンをよく熱して薄く油をひき、①を入れて両面にタレをからめながら表3分、裏2分程度焼く（B）。
④ ゆずのスライスとざく切りにした水菜とともに盛り付ける。

A

B

絶品ポイント

本来は柚庵地（柚庵タレ）で魚を漬け込んで焼いた日本料理。豚肉の漬け焼きでも、やわらかく香り豊かに仕上がる。

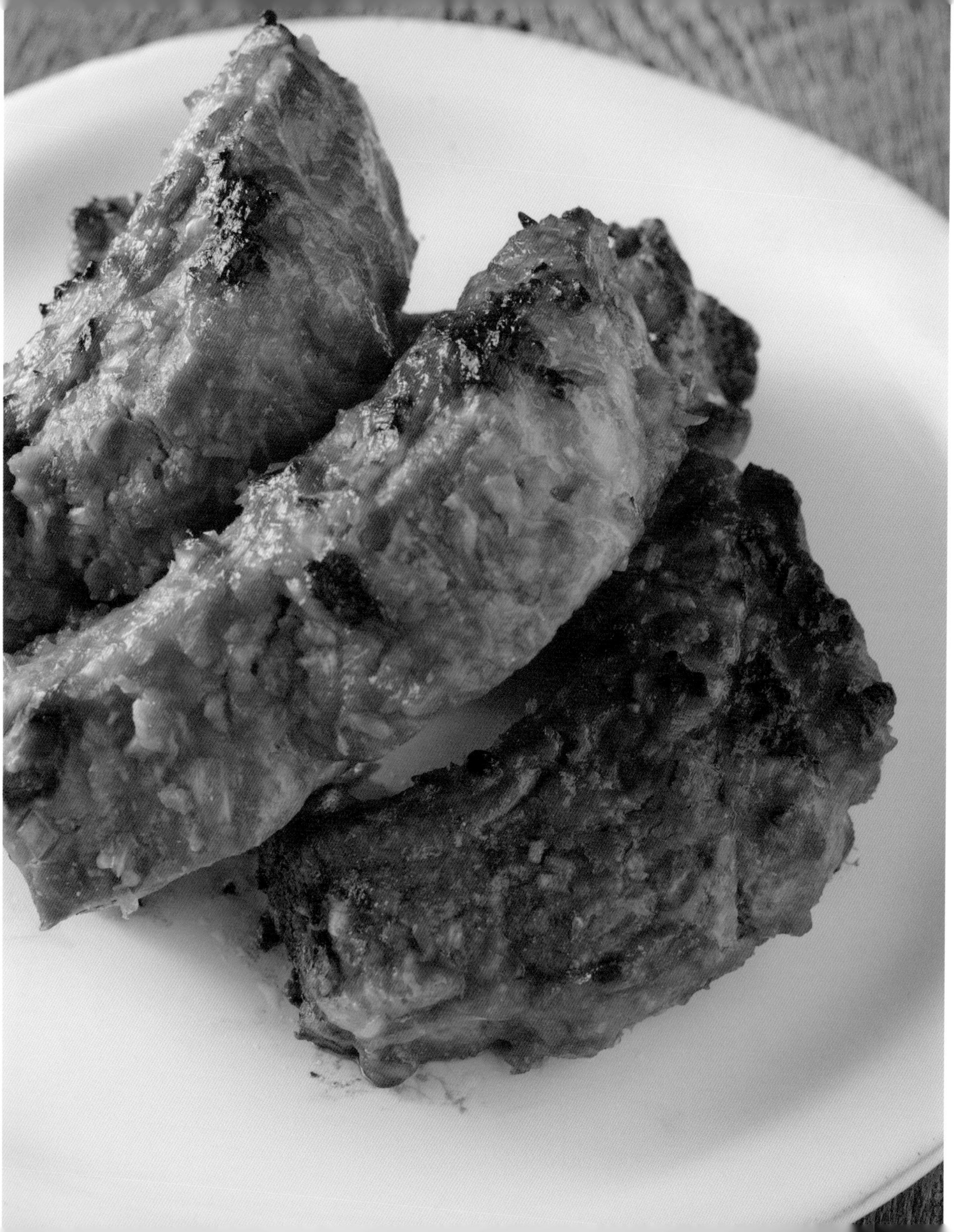

アメリカン・ポーク
バックリブのねぎ味噌焼き

材料：4人分

アメリカン・ポークのバックリブ
　　　　　　　………………… 400～500g

[ねぎ味噌の材料]

味噌 ……………………… 大さじ5
酒 ………………………… 大さじ4
みりん …………………… 大さじ1
砂糖 ……………………… 大さじ1/2
長ねぎ（みじん切り）…… 1/2本
しょうが（みじん切り）… 1片
にんにく（すりおろし）… 1片

作り方

① バックリブは骨と骨の間に包丁を通し1本ずつに切り分ける（A）。
② 裏の皮部分に包丁を入れる（B）。
③ ねぎ味噌の材料を合わせておく。
④ ②に③のねぎ味噌を塗り（C）、魚焼きグリルで軽くこげ目がつくくらいまで20分焼く（D）。

A

C

B

D

絶品ポイント

バックリブは背側の骨付き肉で、アメリカン・ポークの特徴的な部位。裏の皮部分に包丁を入れておくと、食べる時に骨と身の部分がとれて食べやすくなる。

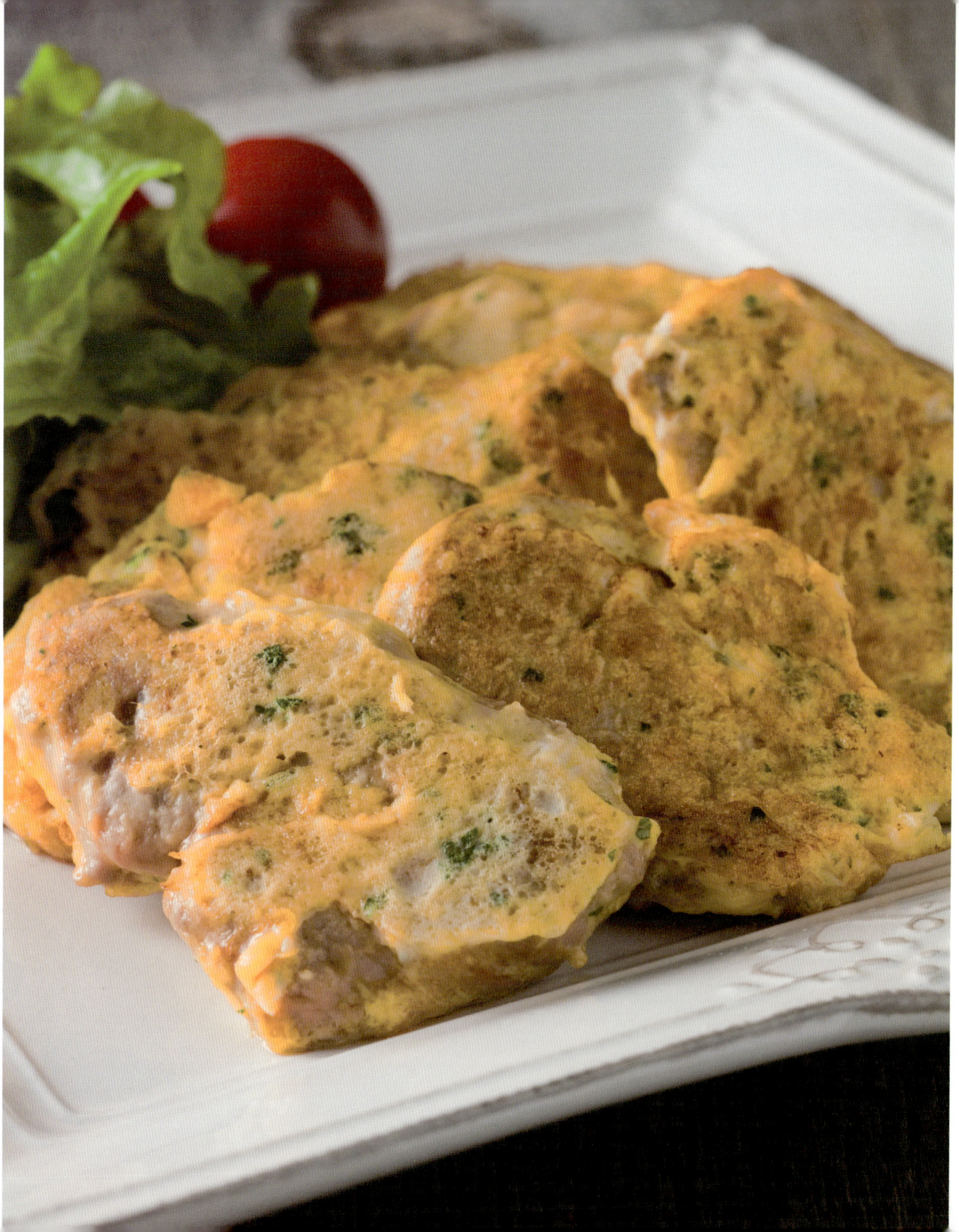

イタリアのヒレ肉料理
ポークピカタ

材料：4人分

豚ヒレ肉	300g
塩・こしょう	各少々
油	適量

[衣の材料]

卵	3個
粉チーズ	大さじ2
パセリ（みじん切り）	1本

[付け合わせ]

レタス・プチトマト・レモン各適量

作り方

① 豚ヒレ肉は一口大に切り、肉たたきなどを用いて薄く伸ばす（A）。
② 衣の材料を混ぜ合わせておく（B）。
③ ①の肉に衣をつけて（C）、熱したフライパンに油をひきそのまま入れて焼く。最初は中火で、表面に火が通ったら弱火にして、肉を焦がさないようにしっかり火を通す（D）。
④ レタス・プチトマト・レモンを盛り付ける。

A

C

B

D

絶品ポイント

ヒレ肉をたたくのは、やわらかくするのではなく、火が通りやすいように均等な厚さにするため。

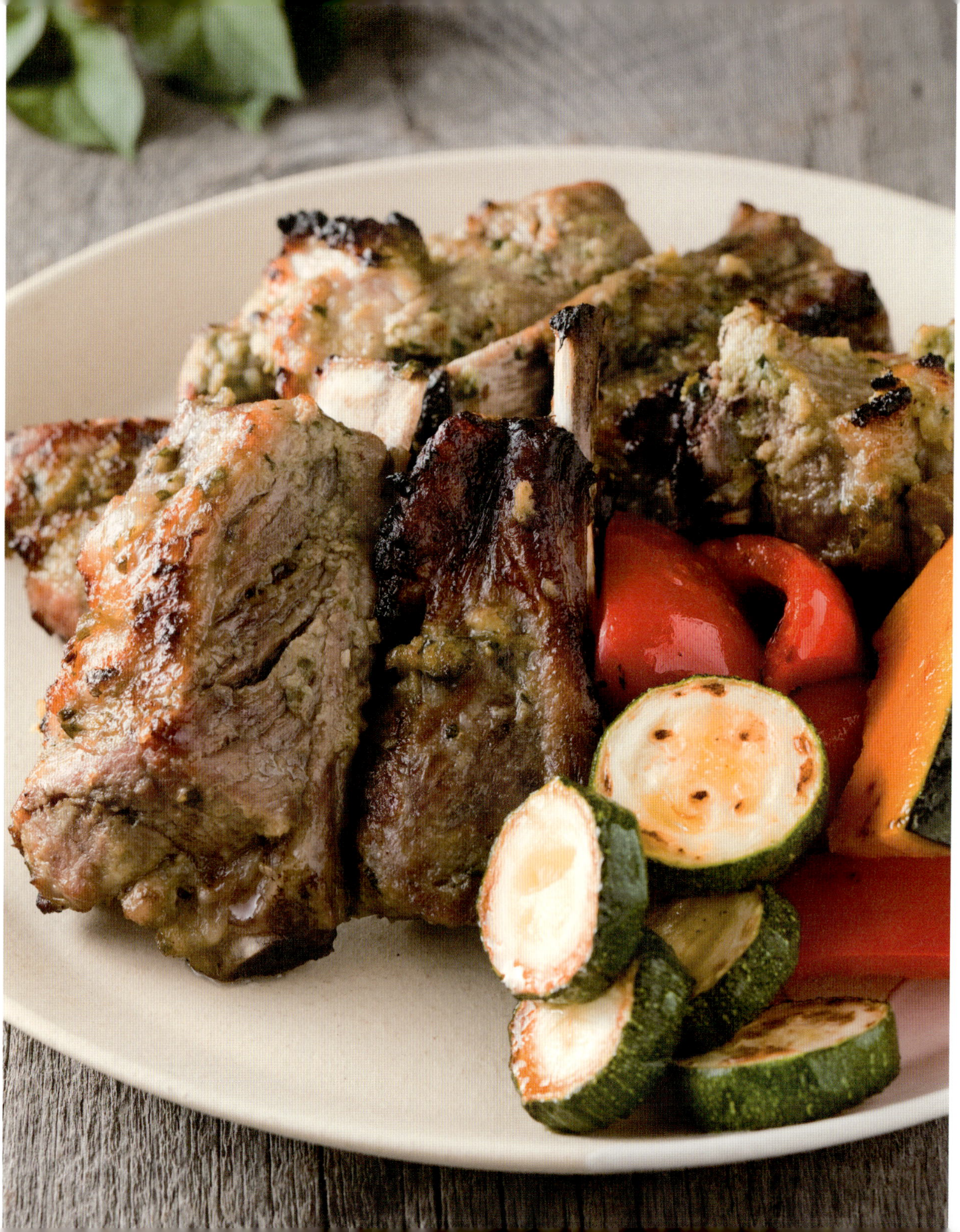

スペアリブ
バジルガーリック焼き

材料：4人分

豚スペアリブ …………… 8本

[バジルソースの材料]

にんにく ………………… 3片
玉ねぎ …………………… 1/2個
スイートバジル ………… 20枚
塩 ………………………… 小さじ1
こしょう ………………… 少々
オリーブ油 ……………… 大さじ3

[付け合わせ]

かぼちゃ（薄切り）……… 4枚
赤パプリカ（乱切り）…… 8枚
ズッキーニ（スライス）… 8枚

絶品ポイント

オイルでマリネすることで、骨付きのスペアリブもやわらかくなり、骨ばなれがよくなる。

作り方

① スペアリブは食べやすくするために、骨の裏の皮に包丁を入れる（A）。
② バジルソースの材料をブレンダーでペーストにする（B）。
③ ビニール袋に①と②を入れてよくもみ込む（C）。
④ 魚焼きグリルで15〜20分焼く（D）。途中で切った野菜も入れていっしょに焼く。

A

C

B

D

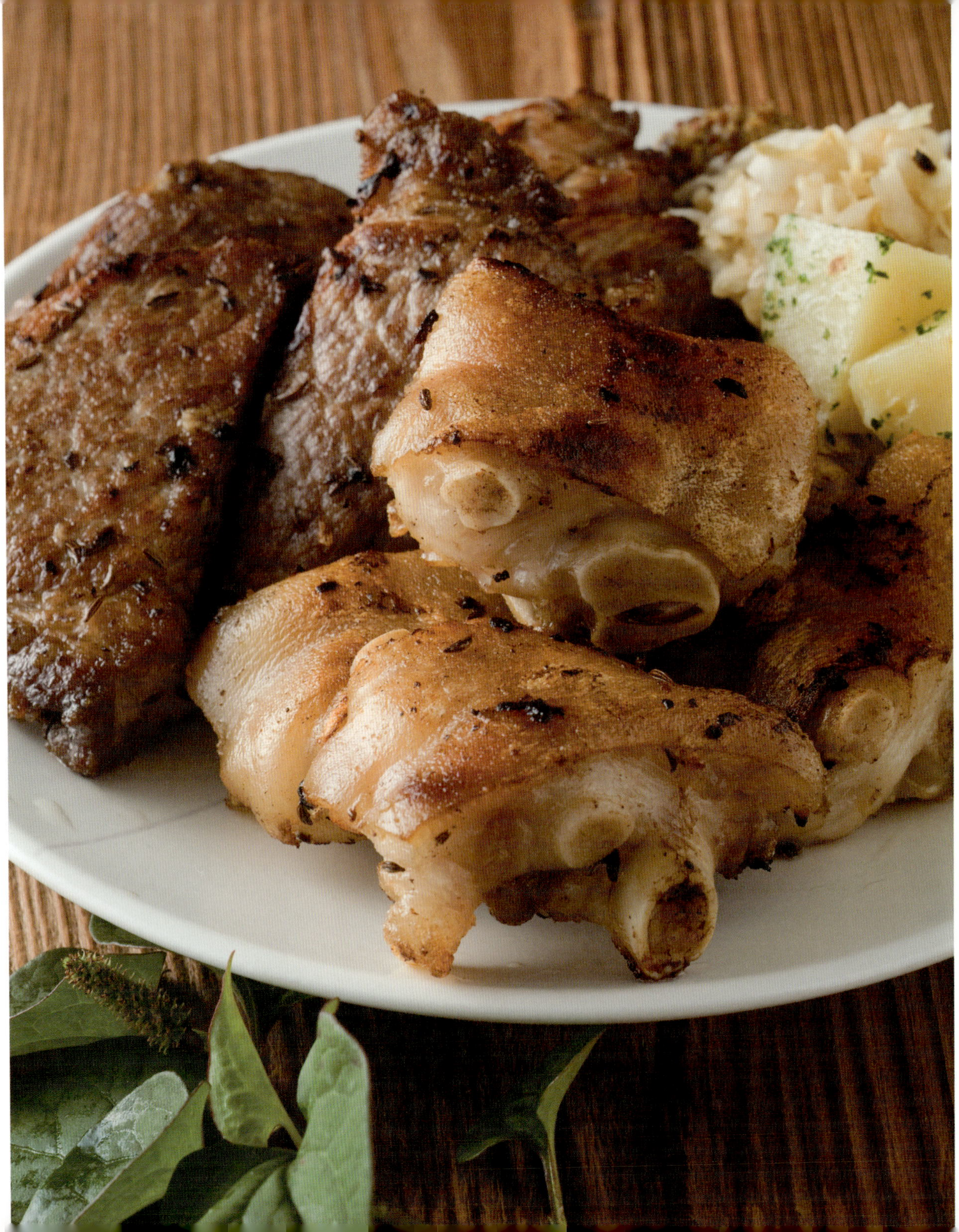

ドイツの豚足料理
シュバイネハクセ

材料：4人分

蒸して半分に切った豚足 ……………………… 300g
豚肩ロース肉（ブロック） ……………………… 400g
油 …………………………………… 適量

[タレの材料]

キャラウェイシード …… 小さじ1
にんにく（すりおろし） ……… 2片
塩・こしょう ……………… 各少々
油 ……………………………… 1/2カップ

[付け合わせ]

粉ふきいも ………………… 1個分
ザワークラウト ……………… 適量
粒マスタード ………………… 適量

絶品ポイント

ローストした豚足の料理。しっかりと焼くことがポイント。

作り方

① タレの材料を混ぜ合わせておく（A）。
② 豚肩ロースは豚足と同じくらいの大きさに食べやすく切る（B）。
③ 肉を①のタレに1時間漬け込む。
④ 熱したフライパンに油をひき③の肉を入れて表面をカリッと焼き付ける（C）。
⑤ ④をさらに魚焼きグリルに入れ7〜8分焼く（D）。
⑥ 粉ふきいも・ザワークラウト・粒マスタードをそえて盛り付ける。

A

B

C

D

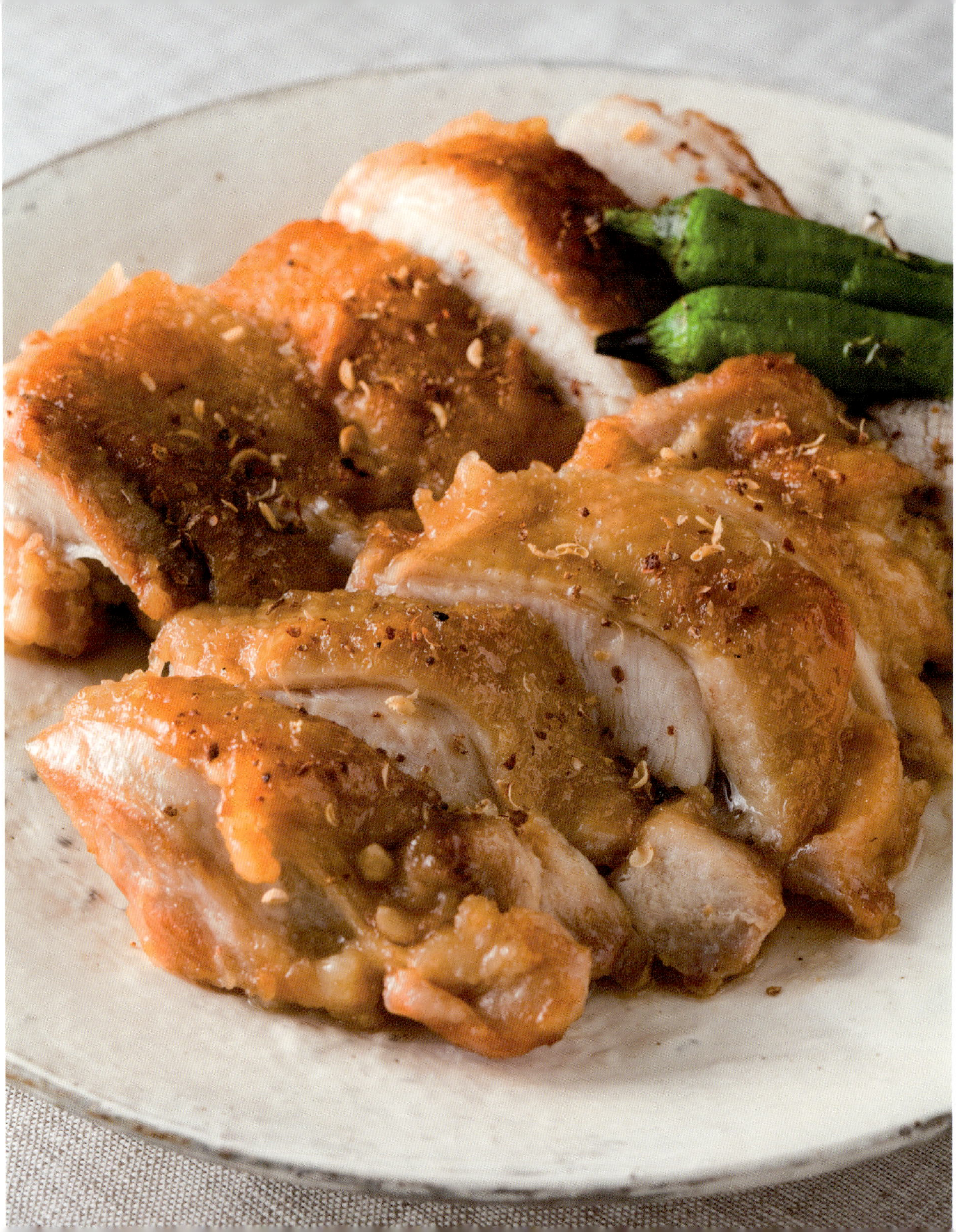

和食の伝統料理
くわ焼き

材料：4人分

鶏モモ肉	2枚（1枚約250g）
薄力粉	適量
油	適量

[タレの材料]

酒	大さじ2
みりん	大さじ2
しょうゆ	大さじ2
砂糖	大さじ1

[付け合わせ]

粉さんしょう	適量
ししとう	8本

作り方

① 鶏モモ肉は半分に切り、フォークで皮目に数カ所穴をあける（A）。
② 薄力粉を軽くはたき（B）、薄く油をひいたフライパンで両面を焼く（C）。
③ ふたをして弱火で中まで火を通す。
④ フライパンの余分な油をふきとり、合わせたタレをからめて焼く（D）。
⑤ 皿に盛って粉さんしょうをふり、焼いたししとうをそえる。

絶品ポイント

下味をつけた鶏を鉄板で焼く料理のことをくわ焼きという。ポイントは、皮目にフォークで穴をあけて下味につけること。

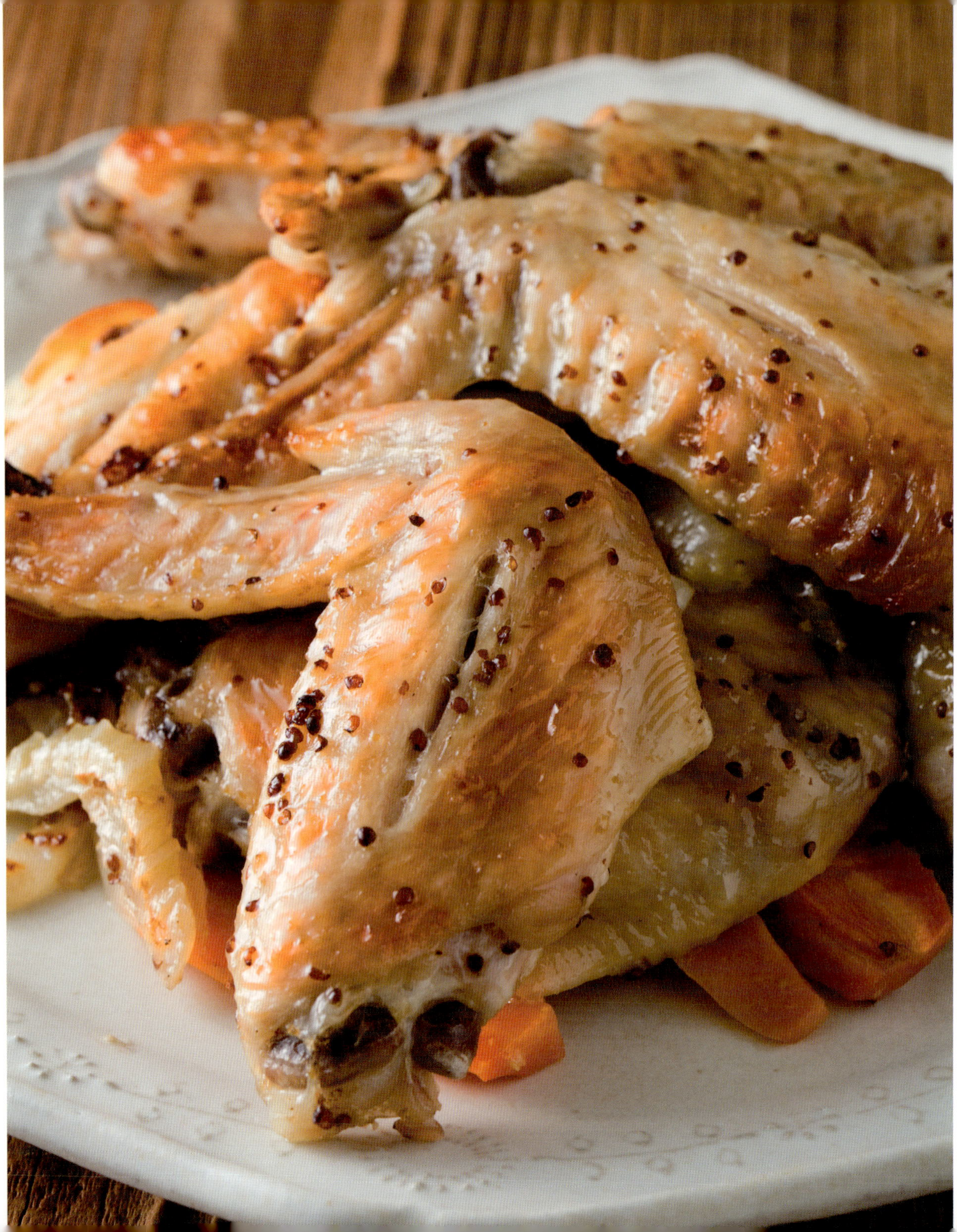

香り豊か！
鶏肉のマスタード焼き

材料：4人分

鶏手羽中 ……………… 12本

[タレの材料]

白ワイン ……………… 1/2カップ
粒マスタード ………… 大さじ1/2
油 ……………………… 大さじ2
にんにく（薄切り）……… 1片
塩 ……………………… 小さじ1/2
黒こしょう …………… 小さじ1
セロリ（薄切り）……… 1/3本
にんじん（短冊切り）…… 1/2本
玉ねぎ（薄切り）……… 1/2個

作り方

① タレの材料を混ぜ合わせておく。
② 鶏手羽中の骨の間に包丁を入れる（B）。
③ ①のタレに一晩漬ける（A）。
④ オーブンにクッキングペーパーを敷いて③から薄切りした野菜を取り出して並べ、上に鶏手羽中をのせる（C）。
⑤ 200℃に熱したオーブンで20分焼く。

A

B

C

絶品ポイント
香味野菜と漬け込むことで、やわらかくなるだけでなく香りも豊かになる。

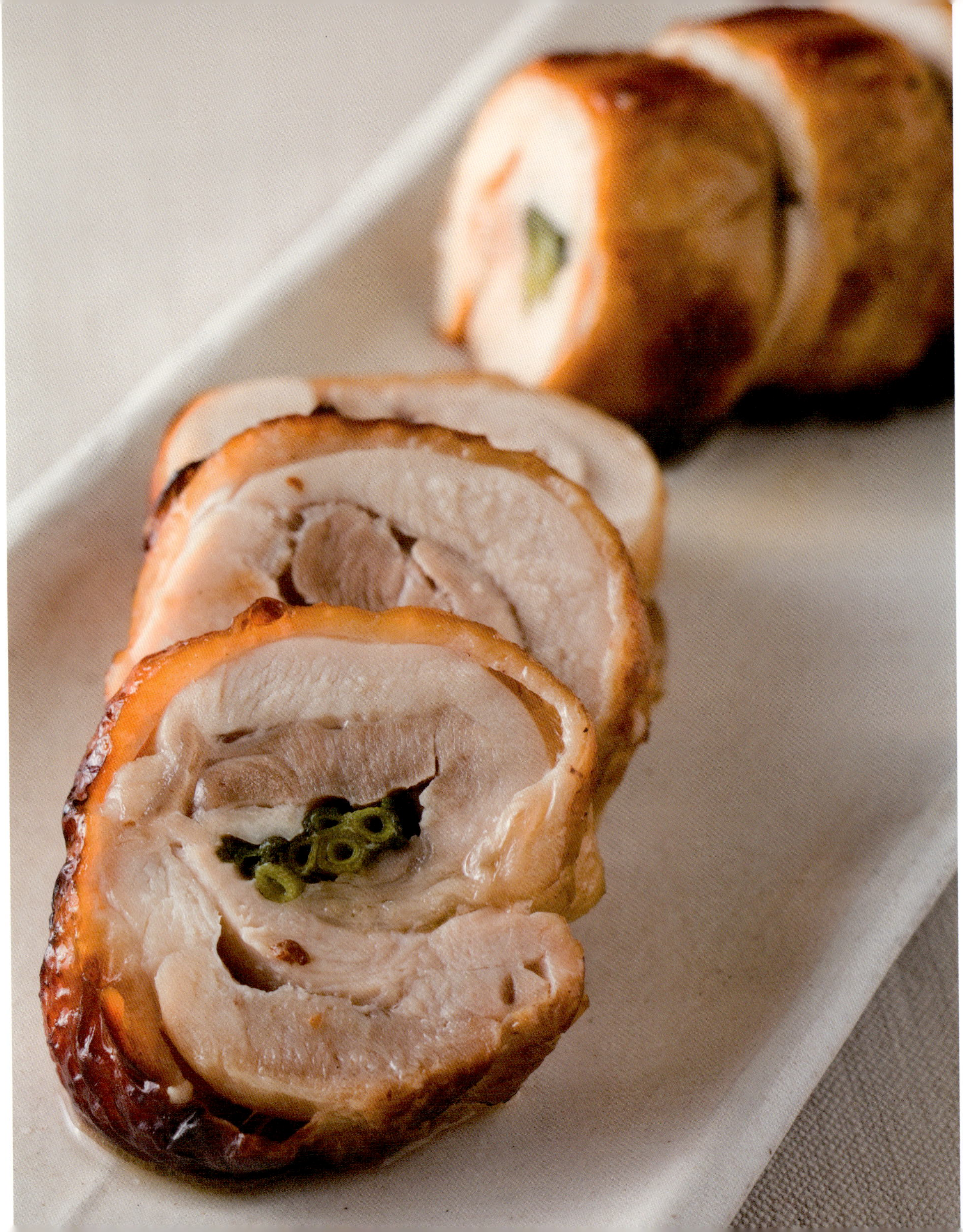

あっさり和風テイスト
鶏肉のあさつき焼き

材料：4人分

鶏モモ肉	2枚（1枚約250g）
あさつき	1束
油	大さじ2

[タレの材料]

レモンの皮（すりおろし）	小さじ1/2
酒	大さじ2
砂糖	小さじ2
しょうゆ	大さじ1
みりん	大さじ1

作り方

① 鶏モモ肉は厚い部分を開いて厚さを均一にする
② 材料を混ぜ合わせたタレをバットに入れ、①を30分漬ける。
③ ②の汁気をふいて、その上にあさつきをのせて巻き（A）、たこ糸で縛る。
④ フライパンに油を熱し、③を転がしながら表面を焼く（B）。
⑤ ふたをして弱火で5分焼く。
⑥ 食べやすく切って盛り付ける。

A

B

絶品ポイント

レモンの皮を加えたタレに漬け込むことで、やわらかくなるだけでなく、臭みをとり、さっぱりとした仕上がりになる。

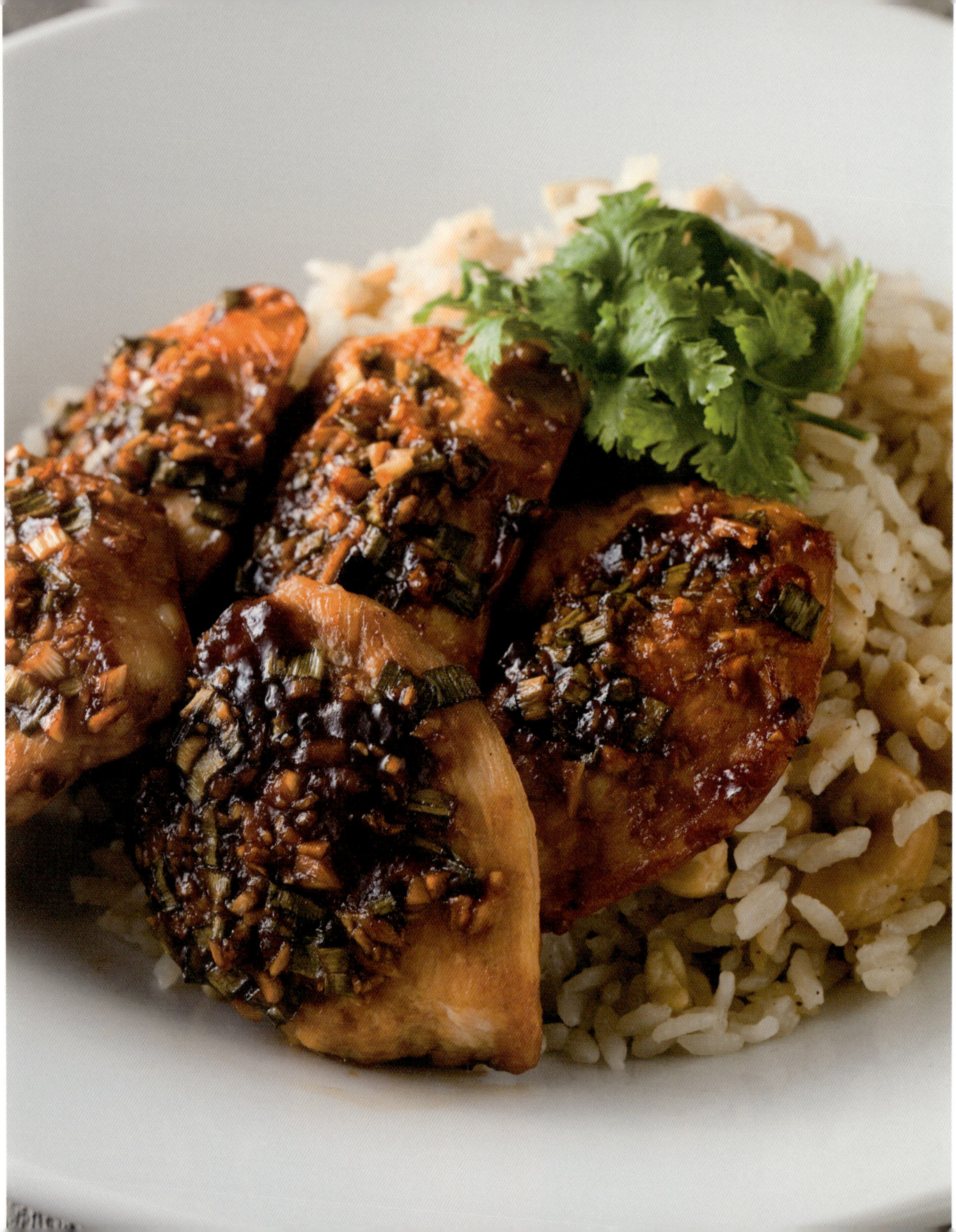

アメリカンアジアン
鶏ムネ肉の海鮮醤(かいせんじゃん)焼きピラフ添え

材料：4人分

鶏ムネ肉 …… 2枚（1枚約250g）
ごま油 ……………………… 適量

[タレの材料]

海鮮醤（またはXO醤）	大さじ2
青ねぎ（小口切り）	2本
しょうが（みじん切り）	1片
にんにく（みじん切り）	1片
米酢	大さじ2
しょうゆ	大さじ3
スイートチリソース	大さじ1
香菜	適量

[ピラフの材料4杯分]

米	300g
スープ	360g
エシャロット（みじん切り）	80g
カシューナッツ	60g
塩	小さじ1/2

※材料をすべて混ぜ合わせ炊飯器で炊き上げる。

絶品ポイント
パサつきがちな鶏ムネ肉も、下味と加熱に注意すれば、ふんわりジューシーに仕上がる。

作り方

① 材料を混ぜ合わせタレを作っておく（A）。鶏ムネ肉は1口大のそぎ切りにする。
② フライパンにごま油を熱し、鶏ムネ肉の表面をこんがりと焼く（B）。
③ オーブンのトレイに②の鶏肉を並べ①のタレを塗る（C）。
④ 200℃に熱したオーブンで10分焼く（D）。
⑤ ピラフを盛り、その上に④の肉と香菜をのせる。

A

C

B

D

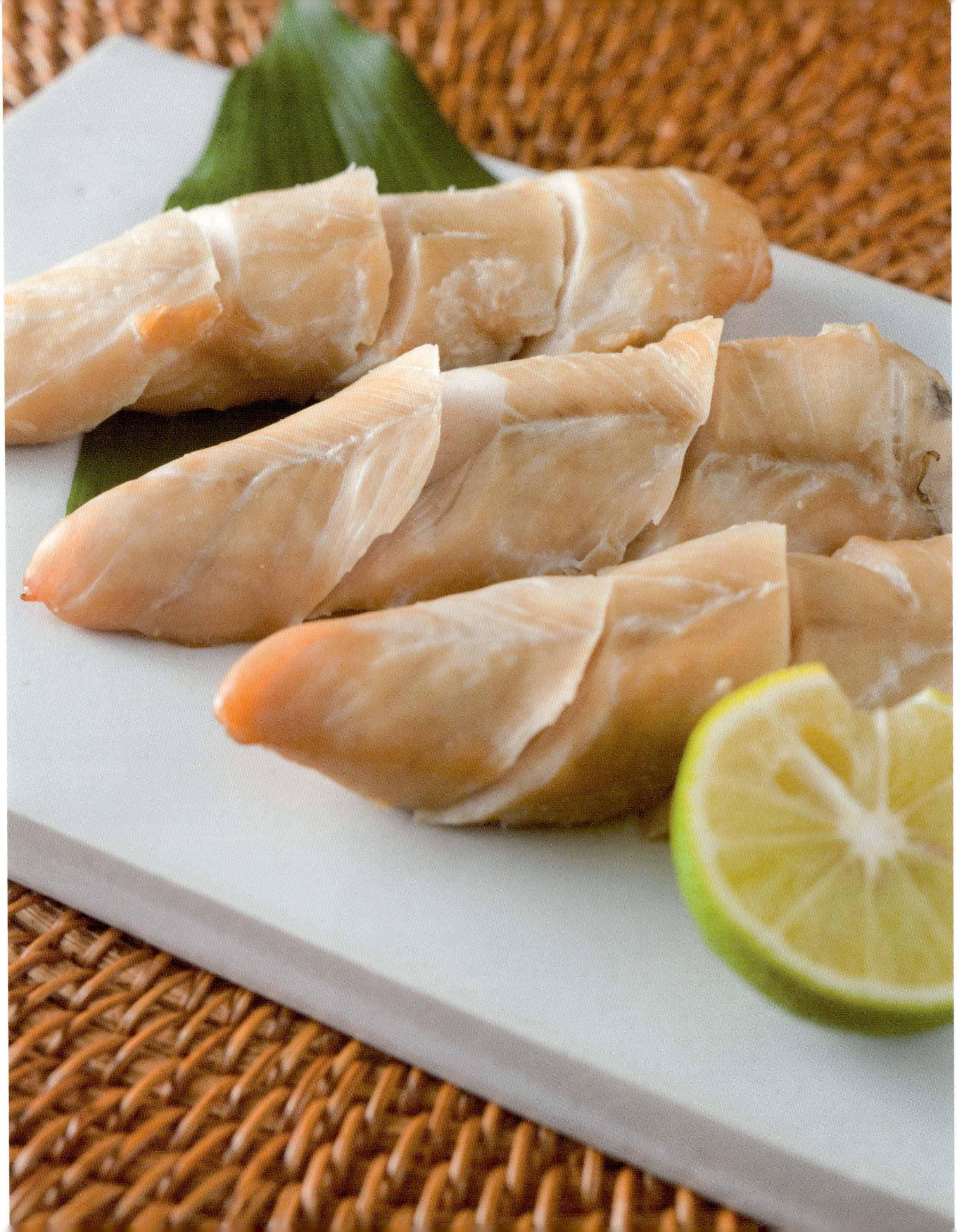

風味絶品
スモークササミ

材料：2人分

鶏ササミ肉	4本
茶葉	10g

[タレの材料]

塩	少々
酒	小さじ1
しょうゆ	小さじ2
にんにく（すりおろし）	1片

[付け合わせ]

すだち	1個

作り方

① 鶏ササミ肉の筋をとる（A）。
② ［タレの材料］を混ぜ合わせて①を1時間漬け込む。
③ ②の肉の水分をペーパーでふく。
④ 中華鍋にアルミホイルをくしゃくしゃにして敷いて茶葉を散らし、網をセットして③の肉をのせる（B）。
⑤ ボウルなどでふたをしてすき間があれば、濡らしたペーパーなどでうめる（C）。
⑥ 火にかけて12分加熱し、火を止めて10分放置する。
⑦ 食べやすい一口大に切って、すだちをそえて盛りつける。

A

B

C

絶品ポイント

下味にしっかり漬け込むことで味がつき、ぱさつかずに仕上げることができる。

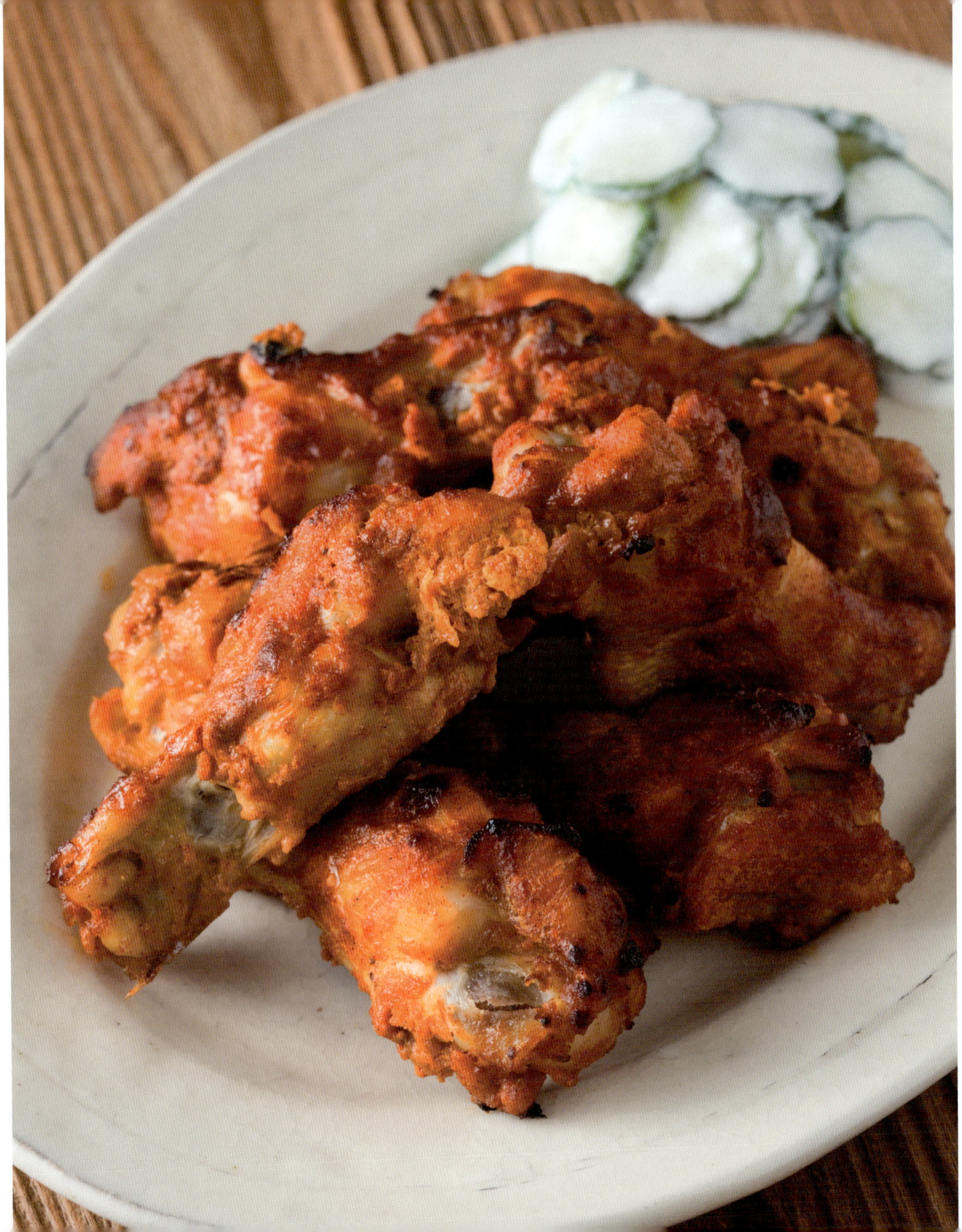

インドの鶏焼き料理
タンドリーチキン

材料：4人分

鶏手羽元 ……………………… 8本

[タレの材料]

玉ねぎ（すりおろし）… 1/4個分
ヨーグルト ……………… 1カップ
しょうが（すりおろし）…… 1片
にんにく（すりおろし）…… 1片
レモン汁 ………………… 大さじ1
トマトケチャップ ……… 大さじ1
パプリカパウダー ……… 大さじ2
コリアンダーパウダー … 小さじ1
クミンパウダー ………… 小さじ1
ターメリックパウダー … 小さじ1
チリパウダー …………… 小さじ1
カルダモン ……………… 小さじ1
塩 …………………………… 少々

[付け合わせ]

きゅうり ………………………… 1本
塩 …………………………………… 適量
プレーンヨーグルト …… 大さじ4
はちみつ ………………… 大さじ1

作り方

① ［タレの材料］を混ぜ合わせたもの（A）に、鶏手羽元を一晩漬ける。
② 200℃に熱したオーブンで20分焼く（B）。
③ きゅうりは輪切りにして塩でもみ水気をしぼる。プレーンヨーグルトに、はちみつを混ぜてきゅうりを和える。

A

B

絶品ポイント

スパイスすべてをそろえることが難しければ、香りをつけるにはクミン、色をつけるにはパプリカ、などを選んで使うとよい。

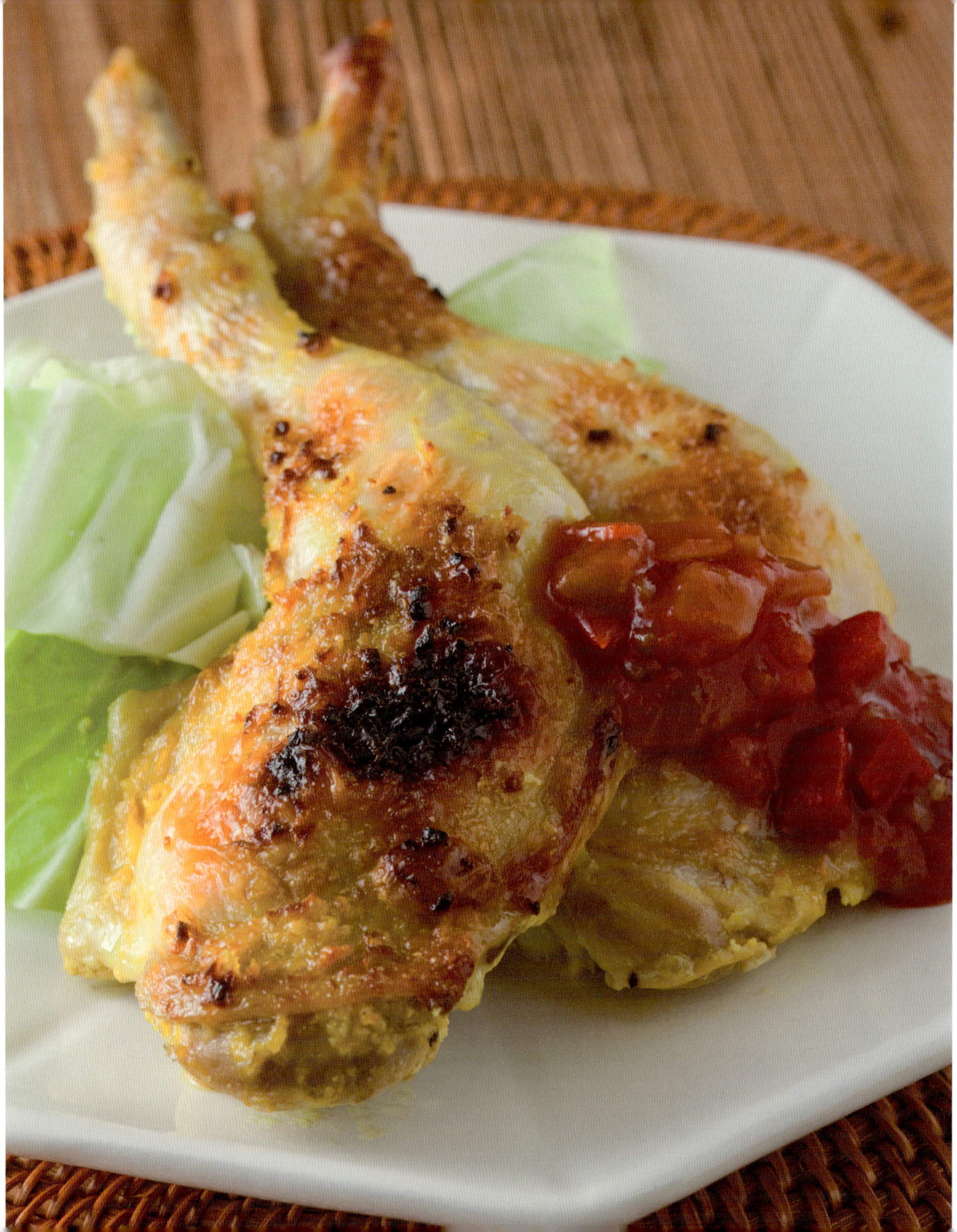

インドネシアの炭火焼きチキン
アヤムバカール

材料：2人分

鶏骨付きモモ肉 ……………… 2本

[タレの材料]

エシャロット（みじん切り）… 1個
にんにく ………………… 2片
ターメリック ………… 小さじ1
クローブ ………………… 3粒
ココナッツミルク ……… 1カップ

[付け合わせ]

チリソース ………………… 適量
キャベツ（ざく切り）………… 適量

作り方

① 骨付きモモ肉は骨に沿って切り込みを入れる（A）。
② 材料（B）を混ぜ合わせたタレに一晩漬ける。
③ オーブントースターで20分焼く（C）。
④ キャベツのざく切りをそえ、お好みでチリソースをかける。

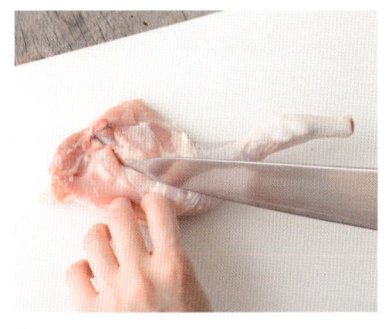

A

C

B

絶品ポイント

ココナッツミルクが下味の特徴。まろやかな仕上がりになる。

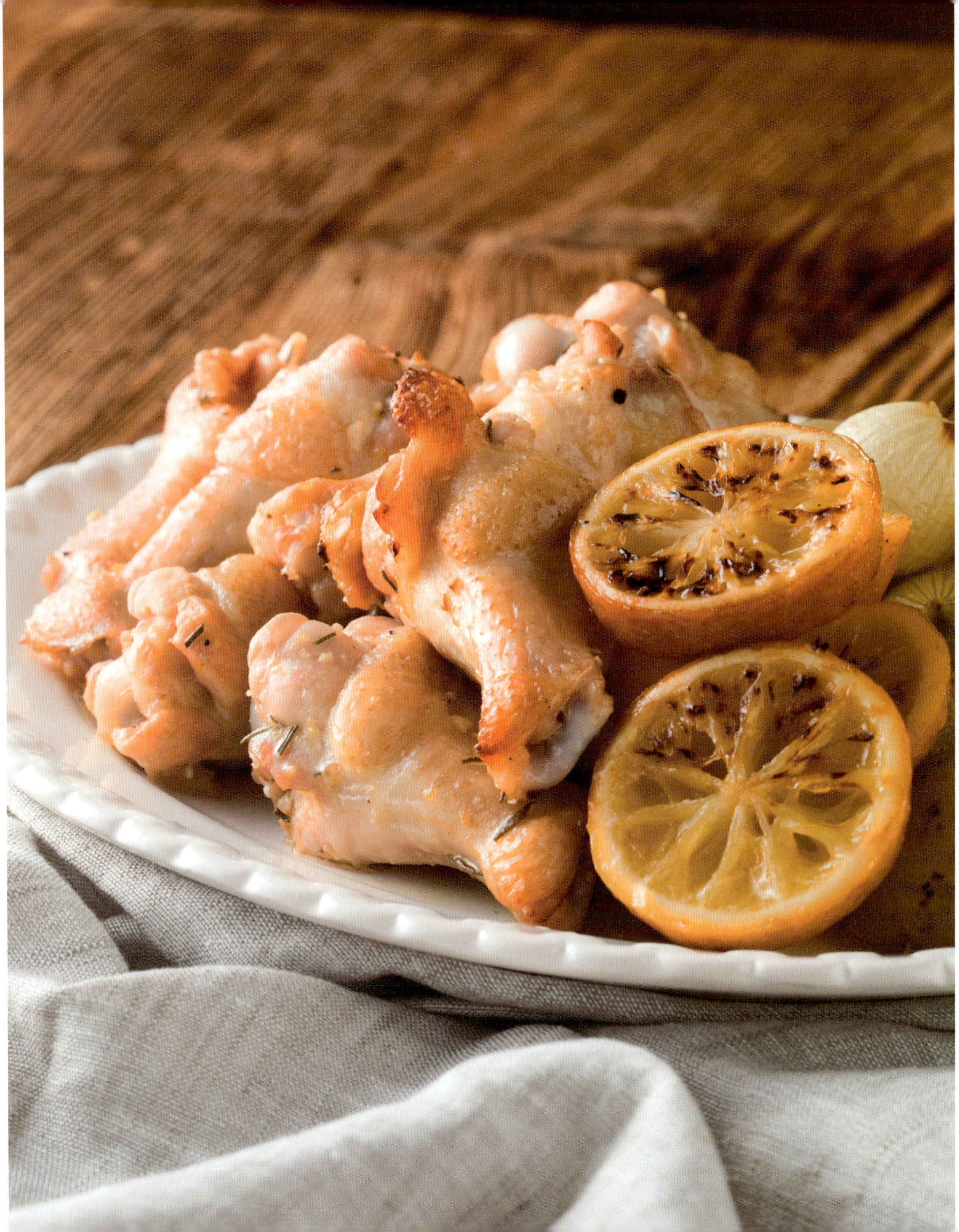

イタリアの香り
タスカンレモンチキン

材料：4人分

鶏手羽元 ……………………… 8本
塩 ………………………… 小さじ1

[マリネ液の材料]

レモン皮（すりおろし）… 大さじ2
レモン汁 ………………… 1/4カップ
オリーブ油 ……………… 1/4カップ
にんにく（みじん切り）……… 1片
ローズマリー（みじん切り）
 ………………………………… 1本
黒こしょう ………………… 少々

[付け合わせ]

じゃがいも ………………… 2個
小玉ねぎ …………………… 8個
レモン ……………………… 1個

絶品ポイント

オリーブ油で肉をやわらかくし、にんにく、ローズマリーで香りをつける。たっぷりのレモンといっしょにオーブンで焼く。

作り方

① 材料（A）を混ぜ合わせ、マリネ液を作っておく。
② 鶏手羽元は切り込みを入れる（B）。
③ ②に塩をふり、マリネ液に1晩漬ける。
④ じゃがいも・レモンは4等分に切る。
⑤ オーブンのトレイに、③の肉とマリネ液を塗ったじゃがいも・小玉ねぎ・レモンを並べ（C）、200℃で20分焼く。

A

C

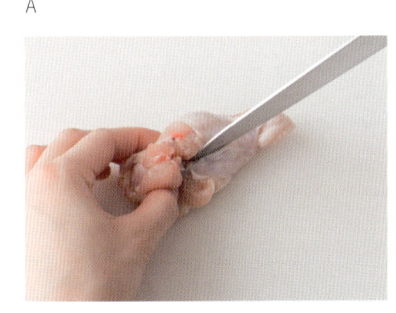

B

市販の焼肉タレを上手に利用する技！
タレに漬けて焼くだけで
いつもの肉がやわらかくジューシーに

漬け焼きの効果
① 肉をやわらかくする。
② 中心温度65℃で焼いても焼き色と香ばしさを加えることができる。
③ ほどよい味付けで肉の旨みを引き立てる。

漬け焼き絶品ポイント
肉の大きさによって漬ける時間を変えること！

● ササッと漬け焼き
　タレにからめ、もみ込んで約5〜15分の漬け込みで焼く方法（A）。薄切り肉や一口大の肉に適している。

● じっくり漬け焼き
　味をしっかりしみ込ませるために、ビニール袋に入れてもみ込み、約30〜60分漬け込んで焼く方法（B）。ステーキなど少し大きめの肉料理に適している。

● 一晩漬け焼き
　上と同様、ビニール袋に入れてもみ込み、6時間〜一晩漬け込んで焼く方法。骨付き肉やブロック肉など、肉離れをよくし質感を変えたい料理に適している。

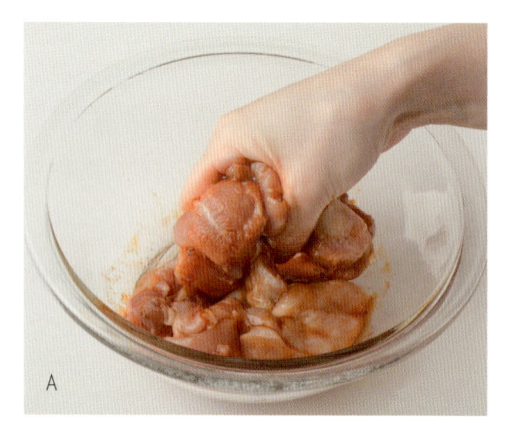

市販のタレを使った
絶品肉焼き料理

わずか10分でジューシーな食感
コク旨！ジューシーチキン

漬け時間10分・調理時間15分

材料：3～4人分

鶏モモ肉 …………… 2枚（500g）	[付け合わせ]
焼肉のタレ ………… 大さじ5	キャベツ・紫キャベツ千切り、角切りトマト各適量
マヨネーズ ………… 大さじ5	

作り方

① ビニール袋に焼肉のタレとマヨネーズを混ぜ合わせ、一口大に切った鶏モモ肉に加えてよくもみ10分程度常温で寝かせる。
② よく熱したフライパンに鶏肉の皮目を下にして並べ、中火でこんがりと焼き色がつくまで焼く（フライパンの中の余分な油をキッチンペーパーなどでこまめにとると、こんがり均等に焼ける）。
③ 裏返して1分ほど焼いたら、ふたをして弱火で4～5分蒸し焼きにする。

ボリューム満点！
がっつり肉太巻き

調理時間30分

材料：4人分（2本分）

牛肩ロース肉（薄切り）……8枚（500g）	にんじん …………… 1/2本
塩・こしょう ………… 各少々	ごま油 …………… 小さじ1
白飯 ………………… 500g	青じそ …………… 6枚
きゅうり …………… 1本	油 ………………… 適量
	焼肉のタレ ……… 大さじ4

作り方

① 牛肉に塩、こしょうをする。きゅうり、青じそは千切りにする。にんじんは千切りにして塩でもみ、ごま油と合わせておく。

② ラップに、肉、ご飯の順にのせ、真ん中に千切りにした野菜をおく（肉は縦に並べる。その時重ねるように並べると、焼いている時に形が崩れにくくなる）。

③ 肉を巻き込んでラップをはずす（ラップで巻く時、肉の下の部分が上の部分にくっつくように巻くと上手に巻ける）。

④ フライパンに油をひき、巻き終わりを下にして転がしながら全体を焼く。

⑤ 肉に火が通ったら、焼肉のタレをまわしかけ、転がしながら全体にタレがつくようにからめる。

⑥ 冷ましてから8等分に切り分け、皿に盛り付ける。

カロリーカットでお肌も喜ぶ！
鶏ムネ肉の しっとりジューシー 65℃焼き

調理時間10分

材料：4人分

鶏ムネ肉 ······················ 2枚	[付け合わせ]
（1枚約200g）	木綿豆腐（焼肉のタレを回しかけフライパンで強火で焼きつけると、こんがりとした焼き色がつく。事前の水切り不要）
焼肉のタレ ······ 1/3カップ弱	
油 ···························· 適量	
	ブロッコリー、赤パプリカ各適量

作り方

① 鶏ムネ肉の皮を鶏肉の厚さが1～1.5cmになるよう斜めそぎ切りにする。
② 鶏ムネ肉に焼肉のタレをかけてさっと混ぜ合わせ、油をひいたフライパンに入れ中強火で焼き色をつける。裏面に香ばしい焼き色がついたら裏返すタイミング（表と裏の焼き時間は合わせて1～2分が目安）。
③ フライパンから肉を取り出し、2～3分おいておく。

チキンの中にもチキン！
ローストチキン・イン・チキン

調理時間40分

材料：4人分（2本分）

鶏モモ肉 ………… 2枚	油 ……………… 適量
（1枚約250ｇ）	焼肉のタレ ……… 大さじ4
鶏ひき肉 ………… 150ｇ	
玉ねぎ …………… 1/4個	[付け合わせ]
にんじん ………… 1/2本	プチトマト ……… 3個
さやいんげん …… 6本	ブロッコリー …… 1/2株

作り方

① 鶏モモ肉を身の厚い部分を開いて厚さを均一にする。
② 玉ねぎはみじん切り、にんじんは1cm角に切ってゆでる。いんげんもゆでて1cm幅に切る。
③ 鶏ひき肉と②の野菜を合わせ、開いた鶏肉の上に広げて巻き込み、タコ糸で具が出てこないようにしっかりと縛る。
④ 薄く油をひいたフライパンで③の肉の巻き終わりから焼いて、全体に焼き目をつけ、焼肉のタレをからめる。
⑤ ④の肉をオーブントースターに移して15分焼く。途中でこげそうな時はアルミホイルをかぶせる。上下を返してさらに10分焼く。取り出してアルミホイルで全体を巻き、余熱で火を通す。
⑥ 6等分に切り分け、付け合わせとともに皿に盛りつける。

ストックもアレンジもできる！
肉汁たっぷりローストポーク

漬け時間1時間・調理時間30分

材料：4人分

豚肉（ブロック） ……… 450g
焼肉のタレ ……… 1/2カップ

[付け合わせ]
じゃがいも、にんじん各適量
（豚肉といっしょにトースターで焼いてもよい）

作り方

① ビニール袋に豚肉のブロックと焼肉のタレを入れてよくもみ込み、約1時間漬けておく（お好みでこのタレをフライパンで煮詰めソースとして使ってもよい）。

② オーブントースターの受け皿にアルミホイルを敷き、袋から取り出した肉を15分焼く。途中で表面がこげそうになったらアルミホイルをかぶせる。その後裏返して15分、表裏合わせて30分を目安に焼く（30分の焼き時間は1200Wの場合。それより電力が低い場合は焼き時間を2～3分長くする。また、肉の最も厚い部分が5cm以上であれば、裏返した後の焼き時間を5～10分長くする）。

③ オーブントースターから肉を取り出し、20～30分おいておく（肉をおいておく時間は最も厚い部分が5cm以下であれば20分、それ以上の場合は30分が目安）。

しっかり味がしみ込んだ豚肉の旨み！
味わいチャーシュー

漬け時間一晩・調理時間50分

材料：3〜4人分

- 豚肩ロース肉（ブロック）……500g
- 長ねぎ（緑色部分）……10cm
- しょうが汁……5g
- 焼肉のタレ……1カップ
- 酒……1/2カップ

[付け合わせ]
ゆでチンゲン菜、白髪ねぎ各適量

作り方

① ビニール袋に豚肩ロース肉、しょうが汁、ぶつ切りにして潰した長ねぎをいっしょに入れてよくもみ、焼肉のタレと酒を加えてなじませ冷蔵庫で一晩漬け込む（糸がこげるためタコ糸などで巻く必要はない）。

② 焼く30分ほど前に冷蔵庫から袋を出し、室温に戻しておく。

③ 肉を袋から出して天板にのせオーブントースターに入れる。両面に焼き色がつくように途中で裏返し、タレを回しかけながら焼く。こげそうになったらアルミホイルをかぶせ、竹串を刺して透明な肉汁が出てくるまで40分ほど焼く。

④ タレをフライパンで煮詰め、とろみがついたら好みで肉にかける。

一晩漬け込んだ牛肉のやわらかさ！
漬け焼き
ローストビーフ

漬け時間一晩・調理時間25分

材料：4人分

牛モモ肉
（ブロック。厚さ約8cm×長さ約12cm）……………500g
焼肉のタレ ……… 1/2カップ
にんにく（すりおろし）…… 1片
あらびき黒こしょう…小さじ1
水 ……………… 1/2カップ
油 …………………… 適量

[付け合わせ]
玉ねぎ薄切り、ベビーリーフ、クレソン、ラディッシュ各適量

作り方

① 牛モモ肉の表面にすりおろしにんにく、あらびき黒こしょうをすり込む。ビニール袋に牛肉と焼肉のタレを加えてなじませ、冷蔵庫で一晩漬け込む。
② 焼く30分ほど前に冷蔵庫から出し、室温に戻しておく。
③ フライパンに油をひいて強火でよく熱し、汁気を切った②の肉を入れ、肉の表面全体に焼き色がつくように焼く。
④ 水を注ぎ、フタをして弱火で15分ほど蒸し焼きにする。
⑤ フライパンから肉を取り出し、アルミホイルに包んで常温で30分ほどさます。
⑥ 肉のタレをフライパンで煮詰め、好みで肉にかける。

がっつり豪快にかぶりつく！
漬け焼き スペアリブ南国風

漬け時間一晩・調理時間20分

材料：4人分

- 豚スペアリブ ………… 12本
- 焼肉のタレ ………… 2カップ
- 玉ねぎ ……………………… 1個
- ココナッツミルク…2/3カップ
- 乾燥バジル ………… 大さじ2

[付け合わせ]
焼きかぼちゃ、パクチー、レモン各適量

作り方

① ビニール袋に焼肉のタレ、5mmくらいの輪切りにした玉ねぎ、ココナッツミルク、バジルをいっしょに入れて混ぜ合わせ、豚スペアリブを加えて冷蔵庫で一晩漬け込む。

② 常温に戻した①の豚スペアリブを網に並べてタレをつけながら、竹串を刺して透明な肉汁が出てくるまで15〜20分じっくりと焼く。

お手軽、かんたん！
牛ブロック肉の蒸し焼きカルパッチョ

調理時間30分

材料：4人分

- 牛モモ肉（ブロック） …………… 400g
- 塩 …………… 小さじ2/3
- こしょう …………… 適量
- 焼肉のタレ …………… 大さじ5
- 玉ねぎ …………… 1/2個
- 紫玉ねぎ …………… 1/2個
- 野菜類、焼肉のタレを含んだ焼き汁、ゆずこしょう各適量

作り方

① 室温に戻した牛モモ肉のブロック全体に塩、こしょうをなじませ、アルミホイルで全面が隠れるように包む。

② 中火で熱したフライパンにアルミホイルで包んだまま肉を入れ、すべての面をそれぞれ4分ずつ中火で焼く。焼き終わったら、フライパンから取り出し、アルミホイルで包んだまま粗熱をとる。

③ フライパンに焼肉のタレを入れてひと煮立ちしたら、蒸し焼きにした肉とアルミホイルにたまった焼き汁をフライパンに入れてからめながら煮詰め、肉がとろりとしてきたら取り出す。この時、残った焼肉のタレを含む焼き汁は、最後にソースとして使うためとっておく。

④ フライパンから取り出した後、肉を30分以上さましてから薄切りにする。

⑤ 玉ねぎ、紫玉ねぎ、その他好みの野菜類をスライスし、④を盛り付けて、ゆずこしょうと③でとっておいた焼き汁をソースとしてかける。

豪快バーベキュー！
でか肉焼き

調理時間30分

材料：4人分

牛サーロイン
　　……………800ｇ（厚さ約5cm、幅約8cm、長さ約20cm）
焼肉のタレ ………… 大さじ4

作り方

① 網に肉をのせて表裏をそれぞれ約7分ずつ焼く（7分後の焼き色を基準に炭火の火力を調節する）。
② 再び表裏を約5分ずつ加熱（ブロック肉の場合、焼き加減の目安は側面から肉汁がにじみ出てきたかどうかで判断）。
③ 肉を皿にとり、フルーツを含んだ焼肉のタレを全体にからめる。
④ 網にのせ、表面、裏面、2側面を、各15秒加熱する（計1分）。
⑤ ④の作業を2、3回繰り返す（計2、3分）。
⑥ 網からおろして、粗熱が取れるまで（10分程度）おいてからカットする（肉を休ませることで肉内部の温度を均一にし、肉汁の流出を抑え、肉全体に肉汁がいきわたるようにする）。

肉焼き総研

「肉焼き（肉を焼く）料理」に秘められた「おいしさ・楽しさ」をさらに高めるノウハウ・コツ、そして肉の持つ健康効果を研究し、啓発することを目的に食肉および調理の専門家のもと設立された団体。「肉焼き料理」をおいしくする「肉焼き絶品ルール」を開発し、家庭における普及に努めている。現所長は、鈴木敏郎（東京農業大学農学部教授・農学部部長）。

http://nikuyakisoken.jp/

肉焼き絶品ルール

2014年　9月1日　初版第1刷発行

著　者	肉焼き総研
撮　影	徳山喜行
撮影協力	赤堀料理学園
装　丁	松木美紀
発行人	長廻健太郎
発行所	バジリコ株式会社

〒130-0022　東京都墨田区江東橋3-1-3
電話03-5625-4420　ファックス03-5625-4427
http://www.basilico.co.jp

印刷製本　光邦

©2014 yakinikusoken
Printed in Japan　ISBN978-4-86238-212-2

乱丁・落丁本はお取替えいたします。
本書の無断複写複製（コピー）は著作権法上の例外を除き禁じられています。
価格はカバーに表示してあります。